디자인은 어떻게
세상을 만들어가는가

디자인은 어떻게
세상을 만들어가는가

2021년 1월 25일 초판 1쇄 발행
2022년 7월 11일 초판 2쇄 발행
지은이 스콧 버쿤
옮긴이 이정미

펴낸이 정상석
책임 편집 엄진영
본문편집·디자인 양은정
브랜드 haru(하루)
펴낸 곳 터닝포인트(www.diytp.com)
등록번호 제2005-00285호

주소 (03991) 서울시 마포구 동교로27길 53 지남빌딩 308호
전화 (02) 332-7646
팩스 (02) 3142-7646
ISBN 979-11-6134-087-6(13300)
정가 16,000원

내용 및 집필 문의 diamat@naver.com
haru(하루)는 터닝포인트의 인문교양에세이 임프린트입니다.

이 도서의 국립중앙도서관 출판예정도서목록(CIP)은 서지정보유통지원시스템 홈페이지(http://seoji.nl.go.kr)와
국가자료종합목록 구축시스템(http://kolis-net.nl.go.kr)에서 이용하실 수 있습니다.
(CIP제어번호 : CIP2020054579)

디자인은 어떻게
세상을 만들어가는가

지은이 스콧 버쿤 | **옮긴이** 이정미

HOW
DESIGN
MAKES
THE
WORLD

haru

추천사

"세상이 어떻게 돌아가는지 스콧 버쿤보다 더 잘 설명할 사람은 없다."

제프리 젤드만Jeffrey Zeldman,
전설의 웹 디자이너, 어 리스트 어파트A List Apart 공동 설립자

"자쿠지가 세그웨이보다 더 나은 이유는 뭘까? 어떤 한 도시에서는 잘 기능하는 도로망이 왜 다른 도시에서는 제 기능을 하지 못할까? 인터페이스를 '직관적'이라고 부르는 데에는 무슨 문제가 있는 걸까? 대단히 흥미로운 이 책은 여러분이 세상의 모든 디자인을 이해하고 그 디자인이 성공하거나 실패한 이유를 생각해 보는 데 도움을 줄 것이다.

엘런 럽튼Ellen Lupton,
쿠퍼 휴잇 스미소니언 디자인 박물관Cooper Hewitt, Smithsonian Design Museum 큐레이터

"디자인과 함께 사는 모든 사람, 즉 우리 모두를 위해 디자인을 매우 쉽고 분명하게 설명해 주는 유용하고 중요한 책이다."

코이 빈Khoi Vinh,
아도비Adobe 수석 디자이너, 전 《뉴욕타임스》 디자인 디렉터

"스콧 버쿤은 우리 삶에서 어떤 것들이 디자인을 그토록 특별하게 만드는지 정확히 포착해 담아냈다. 그는 우리가 재미있고 접근하기 쉬운 방식으로 디자인에

대해 생각할 수 있는 틀을 제시해 준다. 이 책은 우리가 살아가는 세상이 지금과 같은 모습을 하고 있는 이유를 설명하는 한편, 더 좋은 세상을 만들기 위해 우리가 꼭 고민해 봐야 할 질문들을 던져 준다.

자레드 스풀Jared Spool,
유저 인터페이스 엔지니어링User Interface Engineering 설립자

"기술 분야 종사자라면 디자인이 필요하다는 것쯤은 다 알고 있지만, 디자인이 무엇인지, 목표를 이루는 데 어떤 도움이 되는지 제대로 이해하고 있는 사람은 드물다. 스콧 버쿤은 이 책에서 디자인의 문제점과 해결책을 함께 제시해 설명한다. 아주 기발한 책이다."

앨런 쿠퍼Alan Cooper,
디자인 선구자,《About Face 4 인터랙션 디자인의 본질About Face》저자

"깊은 통찰과 설득력 있는 내용으로 엮은 이 책만 있다면 누구든 디자인의 세계를 이해할 수 있다. 대담한 사람들은 그 이해를 바탕으로 자기만의 세상을 분석하고 삶을 더 나은 방향으로 개선해 나갈 수 있을 것이다."

애슐레이 악시오스Ashleigh Axios,
앤파트너스&Partners 최고 경험 책임자,
미국 그래픽 아트 협회American Institute of Graphic Arts 회장 당선자

"디자인은 실제로 이 세상을 만들어 가고 있다. 스콧 버쿤은 바로 그 사실을 아주 쉽고 재미있는 이야기로 풀어내고 있다."

헨리 페트로스키Henry Petroski,
《디자인이 만든 세상Small Things Considered: Why There Is No Perfect Design》저자

"디자인은 우리 모두에게 영향을 미친다. 그렇다면 우리는 디자인을 이해하고 있을까? 이 책을 읽으면 이해하게 될 것이다."

샘 아퀼라노Sam Aquillano,
디자인 뮤지엄 파운데이션Design Museum Foundation 상무

....

"스콧 버쿤은 디자인이 세상에 어떤 영향을 미치는지 생생하게 보여 주고, 세상을 더 재미있는 방식으로 바라보고 생각할 수 있게 해 준다."

매튜 리콕Matthew Leacock,
팬데믹Pandemic 보드 게임 개발자

....

"'디자인'이 무엇을 의미하는지조차 아직 잘 모르는 사람이라면, 자신이 어떤 일을 하는지 더 잘 설명하고 싶은 디자이너라면, 이 책을 읽고 깨달음과 즐거움을 얻게 될 것이다."

카렌 맥그레인Karen Mcgrane,
본드 아트 플러스 사이언스Bond Art + Science 수석 파트너,
뉴욕 시각예술학교School of Visual Arts 교수

....

"이 책을 읽고 나면 완벽한 토스트를 만들면서 누구에게 고마워해야 할지, 비행기를 놓쳤을 때 누구를 원망해야 할지, 세그웨이가 지나가는 것을 보면서 누구의 실수를 떠올리면 될지 알게 될 것이다."

존 콜코Jon Kolko,
모더니스트 스튜디오Modernist Studio 파트너, 오스 틴 디자인 센터Austin Center for Design 설립자

"디자인은 우리가 알든 모르든 우리의 운명을 결정하는 거스를 수 없는 힘을 지니고 있다. 스콧 버쿤은 디자인이 어떻게 세상을 만들어 가는지를 설득력 있게 설명하는 동시에 디자인이 우리에게 더 나은 삶을 선사해 줄 것이라는 확신을 갖게 해 준다."

앨리스 로손Alice Rawsthorn,
《헬로 월드Hello World: Where Design Meets Life》 저자, 전 《뉴욕타임스》 디자인 비평가

"강력한 이 책의 그 작은 크기에 속지 마라. 이 책은 재치 있는 글, 통찰이 담긴 역사, 설득력 있는 질문들로 가득 차 있으며, 우리 주변 곳곳에서 다양한 디자인을 찾아볼 수 있다는 것과 우리에게 그 어느 때보다 더 디자이너들이 필요하다는 사실을 알려 준다."

이단 마콧Ethan Marcotte,
《반응형 디자인 패턴과 원리Responsive Web Design and Responsive Design: Patterns & Principles》 저자

"세상을 만들어 나갈 수 있는 자신의 능력을 발견하고 싶다거나, 다른 사람들이 우리 몰래 어떤 식으로 세상을 만들어 나가고 있는지 알고 싶다면, 이 책이 쉽고 재미있는 입문서가 돼 줄 것이다."

마이크 데이비슨Mike Davidson,
인비전InVision 부사장, 전 트위터 디자인 부사장

"이 책은 재미있는 동시에 깊은 통찰이 담겨 있으며 많은 생각을 하게 만든다. 책을 읽고 나면 전과는 전혀 다른 방식으로 세상을 바라보게 되는 될 것이다. 아주 좋은 변화다."

개빈 켈리Gavin Kelly,
아티팩트Artefact 공동 창업가

"디자인은 우리가 살고 있는 세상을 만들 뿐 아니라 세상의 모든 것이 곧 디자인이라고 해도 과언이 아니다. 스콧 버쿤의 명료하고 간결하며 영감이 가득한 이 책은 우리 삶 곳곳에 편재해 있는 디자인을 속속들이 보여 주는 훌륭한 이야기들로 구성돼 있다."

스티븐 헬러Steven Heller,
뉴욕 시각예술학교School of Visual Arts 디자인 MFA 프로그램 공동 의장,
미국 그래픽 아트 협회(AIGA) 메달 수상자

"대단히 흥미로운 이 책에서는 우리 주변의 중요한 것들, 즉 우리가 보거나 보지 못했던 것들에 대한 이야기와 통찰을 일상적인 언어로 쉽고 명확하게 전달한다. 새로운 시작으로 세상을 바라보고 싶은 사람에게 더 없이 좋은 책이다."

안나 슬레이퍼Anna Slafer,
국제 스파이 박물관International Spy Museum에서 전시 및 프로그램 담당 부사장

"이 책에는 디자인의 기본 원칙이 놀라울 정도로 간결하고 명확하게 담겨 있다. 스콧 버쿤이 이 세상의 모든 것을 새로운 시각으로 바라볼 수 있게 해 줄 것이다. 멋진 책이다."

존 베치John Vechey,
게임 비주얼드Bejeweled 공동개발자, 팝캡 게임즈PopCap 공동 설립자

"디자인이라는 아주 근본적이고 다루기 어려운 주제에 대해 간결하고 설득력 있는 글을 쓴다는 것은 거의 예술의 경지에 오르는 일이나 다름없다. 스콧 버쿤이 그 일을 해냈다. 그는 토스터, 도시, 문에 달린 손잡이, 소셜 미디어, 안전벨트 등의 실제 사례를 통해 디자인이 우리 삶에 어떤 영향을 미치는지 명확하

게 설명했다."

....

"스콧 버쿤은 디자인이 우리 삶 구석구석에 영향을 미치는 것은 물론이고, 우리가 하는 모든 일에 엄청난 영향을 미친다는 사실을 우리가 관찰하고 이해할 수 있도록 해 준다. 이 책을 읽고 나면 전혀 다른 관점으로 세상을 바라보게 될 것이다."

....

"이 책은 일상적인 것들을 새로운 방식으로 볼 수 있도록 영감을 주고 우리가 올바른 질문을 할 수 있도록 도와준다. 그것은 어떻게 작동하고 누구를 위한 기능일까? 앞으로 몇 년 동안 작동할까? 무엇보다 여러분은 훌륭한 팀 안에서 얼마나 훌륭한 것들이 탄생할 수 있는지 알게 될 것이다."

....

"디자인은 우리 삶의 매 순간에 영향을 미친다. 이 책은 여러분이 디자인을 이해하는 데 도움을 줄 뿐 아니라 더 좋은 세상을 디자인하는 데 동참할 수 있도록 도와줄 것이다."

contents

서문

여러분이 이 세상에서 가장 좋아하는 것은 무엇인가? 왜 다른 것들보다 그것이 더 좋을까? 그 답은 바로 디자인에 있다.

우리가 살아가는 세상이 지금처럼 돌아가는 데에는 숨겨진 이유가 있다. 이 책에서는 좋은 디자인을 렌즈 삼아 그 숨겨진 이유들을 살펴보고자 한다. 사전 지식 같은 것은 필요 없다. 알고자 하는 호기심만 있으면 된다.

나는 여러 해 동안 쉽고 재미있게 술술 읽히고 기억에 남을 만한 책을 만들기 위해 노력했다. 여러분에게 이 책이 그런 책이 되기를 바란다. 나는 늘 세상의 모든 것이 어떻게 기능하고 또 기능하지 못하는지에 관심이 많았다. 이 책을 통해 여러분에게도 그와 비슷한 열정을 불러일으킬 수 있기를 바란다.

이 책을 다 읽고 난 후에는 designmtw.com에서 계속 의견을 나누며 소통할 수 있다. 웹 사이트를 방문하면 더 많은 이야기와 자료를 얻을 수 있을 것이다.

01

모든것은
디자인을
담고 있다

How Design Makes the World

**How
Design
Makes
the
World**

우리 삶에 존재하는 모든 것은 누군가가 디자인한 것들이다. 우리가 앉는 의자, 우리가 사용하는 소프트웨어, 우리가 일하는 조직 모두 사람들이 만들었다. 지도에 표시된 국가 경계선이나 우리가 거주하는 지역명도 사람들이 정한 것들이다. 자연계를 제외하면 지금껏 우리 마음에 들거나 들지 않았던 모든 것, 우리가 사용하거나 구매했던 모든 것, 심지어 그것들을 구매하면서 지불했던 돈까지 모두 다 인간이 디자인하고 만들었다. 디자이너들은 우리 삶에 존재하는 그 모든 것을 만들어 내기 위해 몇 주, 몇 달, 길게는 몇 년에 걸쳐 수백 가지에 이르는 결정을 내리곤 한다. 니사이너들은 다양한 선택지를 갖고 있지만, 결국 우리가 접할 수 있는 디자인은 우리 마음에 들든 들지 않든 그들이 최종 선택한 디자인뿐이다.

이 같은 통찰은 현상에 대한 단순한 관찰을 넘어 세상과 그 안에서 일어나는 모든 것을 이해하는 데 큰 도움을 준다. 프랑스 파리에 있는 노트르담 대성당을 한번 살펴보자. 노트르담 대성당은 완공하는 데 1세기 이상이 걸렸다. 1163년 공사가 시작돼 1345년이 돼서야 완공됐다(다음 달 계획도 제대로 세우지 못한다면, 성당 사업은 아예 꿈도 꾸지 마라). 600년이 넘는 역사를 자랑하는 노트르담 대성당은 세계에서 가장 인기 있는 건축물 중 하나가 됐고, 에펠탑보다 두 배나 더 많은 방문객 1,300만 명이 매년 그곳을 찾았다.

2019년 4월 15일, 노트르담 대성당의 거대한 다락방 밑에서 발화가 시작돼 삽시간에 퍼진 불길은 오래된 나무 기둥을 타고 지붕까지 번졌다. 한 시간도 채 되지 않아 성당의 상징이라 할 수 있는 750톤짜리 첨탑이 무너지면서 건물 내부에 있는 문이라는 문은 다 닫힐 정도로 강력한 폭발 에너지가 발생하기도 했다. 화재 진압 초반에는 성당을 지킬 수 있을지 확신하기 어려울 정도로 불길이 거셌지만, 소방관들의 필사적인 노력 덕분에 성당의 주요 구조물은 보존할 수 있었다.

노트르담 대성당의 정확한 화재 원인은 아직까지 밝혀지지 않았다. 하지만 노트르담 대성당의 화재 경보 시스템이 어떻게 설계돼 있는지는 알 수 있다. 《뉴욕타임스》는 기사에서 다음과 같이 밝혔다.

노트르담 대성당의 화재 경보 시스템을 설계하는 데 필요한 전문가 수십 명을 모으는 데 6년이 걸렸고, 결국 수천 페이지에 달하는 도표, 지도, 스프레드시트, 계약서 등이 동원됐다.[1]

이렇게 복잡하게 설계된 화재 경보 시스템이 노트르담 비극의 원인이었는지도 모른다. 4월 15일 오후 6시 18분, 동료 대신 추가 교대 근무를 서던 한 경비원이 노트르담 대성당의 화재 경보 시스템 알람이 울리는 것을 발견했다. 그는 경비 업무에 대한 경험이 부족한 직원이었다. 화재경보기는 먼저 그에게 건물의 사분면 중에서 '다락Attic 회중석Nave 성구 보관실Sacristy'이 위치한 구역에 화재가 발생했을 가능성이 있다는 신호를 보낸 다음 코드 하나를 알려 줬다.

ZDA-110-3-15-1

당시 그 경비원은 그 코드가 담고 있는 메시지를 얼마나 이해할 수 있었을까. 그 코드는 특정 구역의 화재 감지기를 가리키는 정보를 담고 있었지만, 그가 그 코드로 화재 발생 위치를 찾아내는 방법을 알 리가 없었다. 노트르

---

1) Elaine Peltier et al., "Notre-Dame Came Far Closer to Collapsing Than People Knew," New York Times, July 16, 2019, https://www.nytimes.com/interactive/2019/07/16/world/europe/notre-dame.html.

담 대성당의 화재 경보 시스템은 이해하기 쉽도록 설계되지 않았다. 경비 업무도 그 시스템을 이해하는 데 필요한 교육을 받을 수 있도록 설계돼 있지 않았다. 화재 경보를 발견한 경비원은 안에 있던 경비원에게 연락해 화재가 발생하지 않았는지 확인해 줄 것을 요청했다. 문제는 노트르담 대성당에는 다락방이 두 개였고, 성당 내부를 담당하던 경비원이 화재가 발생한 쪽이 아닌 엉뚱한 쪽에 올라가 확인했다는 데 있었다.

불은 수백 피트 높이까지 조용히 번졌고, 두 경비원이 상황 판단을 잘못했다는 사실을 알아차리기까지 25분이나 걸렸다. 내부 담당 경비원이 다시 지붕의 다락방까지 계단 300여개를 타고 올라갔을 때에는 불길이 걷잡을 수 없이 번진 상태였다. 경비원들은 그제야 소방서에 전화를 걸어 화재 신고를 했지만, 건물은 이미 되돌릴 수 없이 훼손된 상태였다. 화재가 발생하고 번진 지 30분이 넘으면서 더욱 거세진 불길이 나무 기둥과 버팀목들을 맹렬하게 훑고 지나가고 있었다.

화재 경보 시스템이 있다 한들 그 신호를 제대로 이해하기 어렵다면 무슨 소용이 있을까? 있으나 마나다. 우리는 노트르담 대성당이 설계된 이래로 약 900년 동안 기술 진보를 거듭해 온 오늘날의 우리가 이러한 실수를 범할 리 없다고 믿는 경향이 있다. 사실 무언가를 잘 설계하기란 쉽지 않은 일이기 때문에 이해하기 어렵거나 제대로 작동하지 않는 것들은 늘 생길 수밖에 없다. 또 우리는 그렇게 잘못 설계된 것들을 대수롭지 않게 여기며 대충 넘어갈 때도 많다.

전문 디자인 교육 과정에서 피해야 할 나쁜 디자인의 대표적인 예를 설명할 때 자주 등장하는 디자인이 바로 사용성usability 전문가 돈 노먼Don Norman의 이름을 따 '노먼의 문'이라 부르는 잘못된 문 디자인이다. 노먼의 문이 수업 시간에 워낙 자주 등장하다 보니, 이제 많은 디자이너들이 그것을 언급하는 것을 진부하다고 여길 정도다(당신이 그들 중 한 명이라면, 반전을 기대해도 좋다). 요컨대, 노먼의 문은 사람들이 세상에 존재하는 사물과 보통 어떻게 상호 작용을 하는지 고려하지 않고 디자인한 문을 말한다. 한 가지 예를 살펴보자.

이 문의 문제점은 손잡이에 있다. 이런 모양의 손잡이는 서류 가방이나 자동차 문에 달린 손잡이처럼 잡아당겨야 한다고 우리 뇌에 신호를 보낸다. 그런데 사진 속의 문을 살펴보면, '미시오PUSH'라는 안내문이 적혀 있다. 그렇다면 우리는 이 문을 밀어야 할까 당겨야 할까? 우리가 보잉 787 비행기 조종석이나 버지니아급 핵 잠수함 조종 장치를 바라보고 있는 상황이라면 물론 당황할 수도 있겠지만, 문은 인류 문명의 역사에서 가장 만만한 장치 중 하나다. 우리가 별 문제 없이 문을 열 수 있는 확률이 적어도 반 이상은 돼야 한다. 디자인이 잘 된 물건이라 함은 사용자가 많은 생각을 할 필요가 없는 물건이다. 좋은 디자인은 사용자가 아주 쉽고 자연스럽게 올바른 선택을 할 수 있도록 유도한다. 우리가 문을 밀거나 당겼는데 문이 꿈쩍도 하지 않으면 짜증이 나기 마련이다.

일단 여기저기를 살펴보면 헷갈리는 문들을 발견하게 될 것이다. 요즘 많은 사무실에 금속 손잡이가 달린 유리문이 설치돼 있지만, 손잡이만 보고 그 문이 어느 쪽으로 열릴지 알 수 있는 경우는 극히 드물다. 더 나은 디자인, 즉

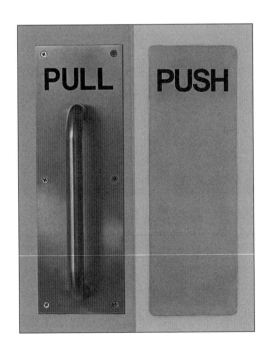

우리 뇌가 작용하는 방식에 부합해 누구나 쉽고 바르게 이해할 수 있는 디자인은 별다른 안내 표지판 없이 손잡이 모양만으로 우리에게 어떻게 하면 될지 알려 준다.

그렇다면 노먼의 문이 곳곳에서 자주 발견되는 이유가 뭘까? 아니 그보다, 우리 일상을 차지하고 있는 많은 것들이 디자인 결점을 가지고 있는 이유는 뭘까? 여러분이 살고 있는 아파트나 주택만 살펴봐도 열 수 없도록 설계된 창문, 너무 춥거나 더운 방, 요란한 소리로 한밤중에 잠을 깨우는 배관 등 여러분 마음에 들지 않는 것들이 있을 것이다. 툭하면 충돌을 일으켜 우리를 곤혹스럽게 하는 소프트웨어를 사용하고 있거나, 매일 출퇴근을 하면서 두 시간씩 교통 체증에 시달리고 있을지도 모른다. 또 열 수도 없는 조개껍데기 모양의 플라스틱 뚜껑이 달린 제품 포장 용기나 작성하기 어려운 정부 서식이 우리를 혼란스럽게 하기도 한다. 세상을 더 깊이 들여다보면, 우리가 원하지 않는 전쟁, 범죄, 기후변화 위기가 어째서 이렇게 '문명화된' 세상의 일부가 됐는지 궁금해질 수도 있다. 그 모든 것은 어느 날 갑자기 우리 앞에 마법처럼 나타난 게 아니다. 그러한 현상들은 사람들이 여러 해 혹은 여러 세대에 걸쳐 선택해 온 것들이 축적된 총합의 결과로, 우리가 겪고 있는 모든 것을 설명하고 누가 득을 보고 누가 손해를 보는지 명확히 드러내 보여 준다.

물론 이 세상에 나쁜 것이 많다고는 해도 일부러 나쁜 것을 만들려고 작정한 사람은 없을 것이다. 그렇다면 여기서 한 가지 의문이 든다. 노트르담 대성당의 화재 경보 시스템이나 노먼의 문을 포함한 세상의 많은 것들은 왜 그렇게 잘못 만들어졌을까?

02
만들기
vs
디자인하기

How Design Makes the World

**How
Design
Makes
the
World**

　세상을 이해하려면 먼저 우주의 섭리를 인정할 필요가 있다. 사실 우주는 인간이 생존할 수 없도록 만들어진 공간이다. 더 정확히 말해서 우주는 인간에게 무관심하며 인간이라는 존재가 있는지조차 알지 못한다. 따라서 이 지구상에 존재할 수 있다는 것만으로도 우리는 행운이라 할 수 있다. 우주라는 광막한 공간 속에 현재 우리가 삶의 터전으로 삼고 있는 지구라는 창백한 푸른 점 하나가 존재할 뿐이다. 서로를 (지나치게) 해치지 않고, 도구를 만들고, 식량을 재배하고, 지식을 후대에 전하는 인간의 비범한 재능이 지구라는 행성과 조화를 이뤄 만들어 낸 특별한 상황은 인류가 시금까지 이렇게 오랫동안 버텨 올 수 있었던 이유를 설명해 준다. 물론 많은 노력이 필요했다. 자연이 준 선물을 제외하면, 인간이 공짜로 좋은 디자인을 얻었던 적은 거의 없었다.

사람들은 좋은 디자인이 곧 좋은 품질이라고 생각하는 경향이 있고, 더 좋은 품질은 더 많은 기술, 돈, 시간을 필요로 한다. 즉 무언가를 만드는 사람은 특정 수준의 품질을 선보이기 위해 한정된 자원을 얼마나 사용해야 할지 결정해야 한다는 압박감을 느끼게 된다. 가격이 보다 더 저렴해야 할까? 사용하기가 더 쉬워야 할까? 외관을 더 멋지게 만들어야 할까? 이 세 가지를 모두 다 충족시키기는 어렵다. 사업을 제대로 운영하기란 쉽지가 않고, 사람들은 보통 할 일이 많은 것보다 적은 것을 선호하기 마련이다.

이해를 돕기 위한 간단한 예로 문을 전문적으로 제작하는 슈퍼어메이징도어코SuperAmazingDoorCo라는 회사가 있다고 쳐 보자. 이 회사는 튼튼하고 신뢰할 수 있는 품질의 문을 만들고 있다는 데 자부심을 가지고 있다. 이 회사 역시 앞서 소개했던 헷갈리는 문을 만들고 있지만, 매출이 좋고 고객의 불만도 거의 없어 자사 제품을 사용하는 사람들이 혼란스러워 한다는 사실을 모르고 있다고 가정해 보자. 이 회사의 CEO는 회사가 더 크게 성장하기를 바라는 자부심이 강한 사업가다. 회사가 수익을 내고 있고 고객들이 만족하는 듯하니 CEO는 자신이 이끌고 있는 회사와 판매하고 있는 제품들이 아주 잘 설계돼 있다고 믿고 있다.

CEO가 베스트셀러 모델의 새 버전을 만들기 위한 프로젝트 리더로 당신을 고용하기로 한다. 엔지니어링, 마케팅, 세일즈 전반을 아우르는 사내 전문가들도 구성된 팀이 당신과 함께 일하기 위해 프로젝트에 투입된다. 첫 번째 프로젝트 회의에서 팀 멤버들은 다음과 같은 질문을 던진다.

- **엔지니어링 담당자** : 새로 출시될 모델이 일반 사무용 건물의 문틀에 잘 맞을까요?
- **세일즈 담당자** : 온라인 카탈로그에서 새 모델이 돋보일 수 있을까요?
- **마케팅 담당자** : 잠금장치를 옵션으로 선택할 수 있나요? 고객들이 잠금장치를 원합니다.
- **사장** : 올해 안에 이 프로젝트를 끝낼 수 있을까요?

얼핏 보면, 질문들이 좀 피상적이기는 해도 그럴싸해 보인다. 그런데 무언가 빠져 있다. 네 질문 중 그 어떤 질문도 문을 사용하면서 헷갈릴 수 있다는 점을 팀원들에게 알려 주지 못할 것이다. 새 프로젝트를 통해 어떻게든 신제품이 만들어지기는 하겠지만, 그 문이 사용하기 편리한 문이 될 가능성은 낮다. 사용자를 위한 '좋은 문'이 어떤 문인지 아무도 명확하게 정의 내리지 않았기 때문이다. 사용의 편리성과 품질 차원에서 보자면, 보통 물건을 만드는 것보다 디자인하는 게 더 어렵다.

물건을 만드는 게 쉽다는 이야기가 아니다. 무언가를 만드는 일 역시 매우 어려운 작업이 될 수 있다. 노트르담 대성당의 복잡한 화재 경보 시스템을 기획하고 설치하는 데에도 큰 어려움이 따랐다. 내가 하고자 하는 말의 의미는, 무언가를 '만든다'는 것은 무언가를 완성하는 하는 것을 목표로 한다는 것이다. 무언가를 '디자인한다'는 것, 혹은 디자인을 잘 한다는 것은 어떤 대상을 위해 무언가를 더 좋게 만드는 것을 목표로 한다. 즉 무언가를 제대로 만들었다고 해서 꼭 좋은 결과물이 나오는 것은 아니라는 의미다. 회의에서 팀원들이 빠트린 질문이 있다. 그들은 사용자들이 기존 제품을 얼마나 잘 사용하고 있는지, 그리고 어떻게 하면 더 나은 문을 만들 수 있는지 묻지 않았다. 물론 우리가 제품의 품질에 신경을 쓴다는 전제하에 하는 말이다. 세상을 쭉 둘러보면 알겠지만, 모두가 품질에 신경을 쓰는 건 아니다.

품질에 신경을 쓰는 이들이 바로 디자이너들이다. 디자이너라면 적어도 품질을 높이는 데 관심이 있어야 한다. 디자이너란 좋은 것을 디자인하고, 훌륭한 디자인을 하기 위해 확립된 방법을 사용하는 전문가다. 탁월한 디자이너들, 특히 자기들이 만든 결과물을 사용하거나 체험하는 사람들의 경험에 관심을 쏟는 디자이너들은 관찰 심리학이나 사용성 연구 등을 통해 어떤 점이 사람들을 혼란스럽게 하는지 파악하기 위해 사용자의 모습을 실제로 관찰하기도 한다. 그들은 또 인류학, 미술, 심리학, 공학은 물론이고 인류가 도끼부터 화살촉, 모바일 앱에 이르기까지 인간에게 필요한 다양한 물건을 만들어 온 만년 이상의 역사를 통해 얻은 지식을 활용한다. 첫 번째 프로젝트 회의를 하면서 빠트린 질문은 사실 디자이너와 디자인 연구원 대부분이 가장 먼저 하는 질문이다.

하지만 많은 조직들이 디자이너를 따로 고용하지 않는 상황에서 그런 중요한 질문이 회의 중에 자연스럽게 나올 리가 없다. 결과적으로, 슈퍼어메이징도어코 프로젝트 팀원들은 자사 제품에 결점이 있음에도 불구하고 자신들이 훌륭한 문을 만든다고 자랑스럽게 철석같이 믿게 된다(문을 직접 열어 본 사람이라면 결코 그렇지 않다는 사실을 알 수 있을 것이다). 심리학자 노엘 버치Noel Burch는 이러한 현상을 무의식적 무능력unconscious incompetence이라고 불렀다. 무의식적 무능력이란 무능력한 사람이 자신이 무능력하다는 사실을 알지 못하는 상태를 말한다(여러분의 친구나 동료 중에 생각나는 사람이 있을지도 모른다).[2] 고객을 관찰하지 않고 실력 있는 디자이너를 고용하지 않은 채 일을 하게 되면, 진실을 보지 못하고 자신의 무능함도 알아차리지 못한다. 이 세상에 존재하는 형편없는 디자인 대부분은 무능함이나 무심함이 낳은 결과물이다. 북 디자이너 더글러스 마틴Douglas Martin은 이렇게 말한다. "디자인이 필요하냐고 묻거나 디자인 비용이 적당하냐고 묻는 질문은 논점을 벗어나 있어요. 디자인은 필수입니다. 좋은 디자인 아니면 나쁜 디자인, 둘 중 하나죠. 디자인이 없는 경우는 없어요."[3]

그런데 가끔 우리는 다른 사람들의 문제를 해결하기 위해 디자인된 것을 사용하면서 불쾌한 경험을 하기도 한다. 예컨대, 셔츠를 입어 보면 사이즈가 너무 크거나 너무 작은 경우가 있다. 다른 사람에게는 딱 맞는 셔츠 디자인이 여러분에게는 잘 맞지 않을 수 있다. 여러분에게 딱 맞는 사이즈가 이미 다 팔렸거나 사이즈, 성별, 제품 수량을 제대로 고려하지 못한 디자이너의 잘못일 수도 있다(유니섹스 티셔츠는 남녀 공용이라는 의미에도 불구하고 여성에게는 잘 맞지 않을 때가 많다).

어떤 때는 사용자와 고객이 아예 다른 경우도 있다. 예를 들어, 슈퍼어메이징도어코는 건물을 드나들며 문을 직접 사용하는 사람들이 아닌 건물주들에게 문을 판매한다. 그들의 문을 구입한 고객은 튼튼하고 값싸고 믿을 만한 제품에 만족할지 모른다. 아니면 건축가가 사용하기 쉬운 문보다 외관이 멋

---

2) 자레드 스풀(Jared Spool)이 학습의 4단계를 논한 글은 https://articles.uie.com/four_stages_competence 에서 확인할 수 있다.
3) Douglas Martin, Book Design: A Practical Introduction (Van Nostrand Reinhold, 1990).

진 문이나 자연광이 더 잘 드는 유리문을 선호할 수도 있다. 문, 소프트웨어, 대중교통 시스템 등을 직접 사용하는 사람들이 실제로 관심이 있어야만 상황이 바뀔 것이다.

또 다른 상황에서 우리는 다른 선택권이 없는 캡티브 유저captive user나 캡티브 커스터머captive customer(전략적 제휴 등을 맺어 고정적인 매출처가 되는 사용자나 고객을 뜻하는 용어로 관계사나 제휴 기업 등이 이에 해당한다_옮긴이)가 되기도 한다. 우리가 노먼의 문이 설치된 건물에서 근무하거나, 형편없는 항공사가 단독으로 운항 중인 지역에 살고 있는 가족을 방문할 경우, 어쩔 수 없이 그 둘을 이용할 수밖에 없다. 카네기 멜런 대학의 인간-컴퓨터 상호 작용Human-Computer Interaction 석사 과정 전 책임자인 로라 발레이Laura Ballay는 한 온라인 토론에서 이렇게 말하기도 했다. "비즈니스 목표와 사용자 목표가 전혀 다른 경우가 많습니다." 예컨대, 미국 세금 신고 소프트웨어 터보택스TurboTax 제조 회사인 인튜잇Intuit은 미국 정부가 세금 신고 서식을 납세자 중심으로 개선하지 않도록 설득하려고 애를 쓰고 있다. 납세자를 위한 변화가 제품 판매에 타격을 줄 수 있기 때문이다.[4]

보통 호텔 샤워기나 유료 주차장에 설치된 주차 요금 징수기는 사용자를 헷갈리게 하는 디자인을 가지고 있는 경우가 많다. 사람들이 샤워기나 주차 요금 징수기의 사용 편의성을 일일이 따져 가며 숙박하거나 주차할 장소를

---

4) Justin Elliot, "Congress Is about to Ban the Government from Offering Free Online Tax Filing. Thank TurboTax," ProPublica, April 9, 2019. https://www.propublica.org/article/congress-is-about-to-ban-the-government-from-offering-free-online-tax-filing-thank-turbotax.

선택하지는 않기 때문에 사업자들은 품질 좋은 제품에 군이 투자할 가치가 없다고 여긴다(사람들은 주로 위치와 가격을 보고 선택한다). 독점 기업, 정부, 관료 집단들은 무언가를 개선하기 위한 기술, 자부심, 경쟁력이 부족하기 때문에 질적으로 좋은 것에 무관심한 타성에 젖을 수 있다. 안타까운 일이기는 하지만, 훌륭한 디자인을 우리가 원하는 만큼 자주 접할 수 없는 데에는 다 그만한 이유가 있는 것으로 밝혀졌다.

디자인 품질에 무관심한 조직들은 스스로 일을 잘하고 있다고 확신하는 경향이 있다. 그들은 그렇게 무의식적 무능력을 강화해 나간다. 예컨대, 어떤 조직들은 '고객 중심'이라는 말을 스스럼없이 전면에 내세우기도 한다. 그런데 그 말이 실제로 의미하는 바가 뭘까? 고객 중심이라는 것을 증명해 줄 공식적인 측정 방식도 자격증도 존재하지 않는다. 즉 고객 중심이라는 말은 어느 조직이든 이렇다 할 품질 개선 없이도 필요하면 언제든지 갖다 붙일 수 있는 수식어에 불과하다. 이윤 중심의 기업들은 이익 창출과 고객 만족 사이에서 균형을 잡는 것 자체가 굉장히 힘들다.

그 균형을 단적으로 엿볼 수 있는 예가 어떤 한 조직이 여러분을 기다리게 할 때 벌어지는 일들이다. 여러분은 병원에서 진료를 받고, 상점에서 계산을 하고, 고객 센터 상담원과 통화를 하기 위해 한참을 기다려야 할지도 모른다. 그들은 대기 시간을 줄이기 위해 직원을 더 고용하려면 비용이 얼마나 드는지 정확히 알고 있지만, 군이 그 돈을 써 가며 직원을 늘리지 않는다. 어쩌면 그들은 고객이 더 나은 서비스를 받기 위해 더 많은 돈을 지불할 의향이 없다고 생각하거나, 아니면 더 많은 이윤을 남기는 데에만 관심이 있는지도 모른다. 그 이유가 어느 쪽이든, 틈만 나면 고객 중심이라고 주장하는 것은 그저 보여 주기 식 경영에 지나지 않는다.

03
무엇이
좋은
것인가?

How Design Makes the World

**How
Design
Makes
the
World**

　세상에서 가장 좋은 망치는 어떻게 생겼을까? 여러분은 토르(북유럽 신화에 등장하는 신이다_옮긴이)가 원할 때마다 그의 손으로 날아드는 토르의 망치 묠니르^{Mjölnir}를 떠올릴지도 모른다. 아니면 못 하나를 박을 때마다 얼마나 많은 칼로리를 소모하는지 계산해 주는 최첨단 음성 인식 블루투스 망치를 생각할 수도 있다. 그러나 이 두 망치를 좋은 망치라고 말하기에는 다소 무리가 있다. 토르의 망치는 전쟁을 위한 무기이기 때문이다. 그 망치는 파괴력을 극대화하기 위해 아주 묵직하게 제작된 무기용 망치다. 집을 짓는 데 사용하기는 어려운 망치다. 또 블루투스 망치를 사용하려면 전기가 필요할 것이다. 외딴 섬에 갇힌다면 그런 망치는 무용지물이 되고 만다. 예술가 한스 홀라인^{Hans Hollein}이 아래의 놀라운 이미지를 통해 보여 줬듯이, 세상에는 작은 망치부터 거대한 망치까지 수백 가지에 이르는 다양한 종류의 망치 디자인이 존재한다.

다시 말해서, 어디에 사용될 물건인지 알지 못하는 상황에서는 그것이 얼마나 잘 만들어진 물건인지 정확히 말하기가 어렵다. 같은 망치, 같은 모바일 앱, 같은 법률이라 해도 우리가 어떤 문제를 해결하고자 하느냐에 따라 좋거나 나쁜 게 될 수 있다. 똑같은 물건이라 해도 생존용 망치로 사용하기에는 더없이 훌륭하지만, 빵칼이나 프리스비(플라스틱으로 만든 놀이용 원반을 말한다_옮긴이)로 사용하기는 곤란한 물건일 수도 있다. 어떤 물건의 '좋고 나쁜' 특징이 그 물건 자체에 내재돼 있다고 생각하기가 쉽다. 흔히 우리는 '이 소파는 좋은 소파다' 혹은 '이 신발은 아주 멋진 신발이다'라는 식으로 생각하곤 한다. 물건을 만드는 사람에게는 위험한 사고방식이 될 수 있다. 그런 사고방식을 갖게 되면, 물건의 좋고 나쁨을 정의할 때 그 물건의 용도가 아닌 물건 그 자체를 두고 판단하는 실수를 범할 수 있다.

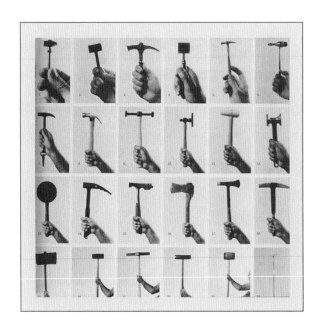

훌륭한 디자이너는 프로젝트 내내 그 프로젝트의 맥락을 제대로 파악하고

있는지 확인하기 위해 두 가지 질문을 한다.

1. 무엇을 개선하고자 하는가?

2. 누구를 위해 개선하려고 하는가?

첫 번째 질문은 사람들이 목표를 명확히 하도록 만든다('어떤 문제를 해결하고자 하는가'라는 질문을 대신 던지기도 한다). 목표가 무엇인지 분명하게 논의하지 않으면, 각자 자신이 품고 있는 목표가 다른 사람들의 목표와 일치할 거라고 생각하기 쉽다. 그렇게 되면 자칫 팀원 간 목표 불일치로 이어져 팀원들이 서로 다른 목표를 달성하기 위해 일하는 상황이 벌어질 수 있다. 누군가는 팀이 라그나로크^{Ragnarök} 전투를 위한 전투용 망치를 만들 생각을 하고 있을지 모르지만, 정작 그 팀이 해결해야 할 문제는 매주 직원회의에 내놓을 베이글을 써는 일일 수도 있다(직원회의에서 전투가 벌어지기를 바라는 사람은 없다). 또는 한 사람은 내구성을 향상시키는 것이 팀의 임무라 믿고, 또 다른 사람은 비용을 줄이기 위해 노력함으로써 두 사람의 목표가 상충하기도 한다. 결국 똑똑한 조직은 디자이너들이 이러한 목표 불일치를 조기에 발견하는 데 얼마나 능숙한지를 깨닫게 된다. 팀원 간의 목표 불일치는 조기에 발견해야 비용 손실을 줄이면서 더 쉽게 해결할 수 있다.

두 번째 질문 역시 만만치 않은 효과를 발휘한다. 노트르담 대성당의 화재 경보 시스템을 설계한 디자이너는 담당 경비원이 ZDA-110-3-15-1라는 코드를 이해할 수 있을 것이라고 미루어 짐작했겠지만, 실상은 전혀 그렇지가 못했다. 직접 설계하지 않은 우리가 보기에는 명백한 실수처럼 보일 수도 있다. 그러나 건물을 디자인하고 짓는 일을 병행하다 보면 어려운 문제에 봉착하면서 길을 잃는다거나, 그 건물을 사용하게 될 사람들의 요구 사항이나 건축업자만큼 문제를 속속들이 이해하는 데 한계가 있을 수 있다는 사실을 간과하기 쉽다.

1장에서 살펴본 새롭게 개선된 문을 그 예로 들어 보자. 처음에는 전보다 개선된 디자인이 훌륭한 해결책으로 보이겠지만, 과연 그 문이 휠체어를 탄 사람들에게도 좋은 문일까? 힌디어밖에 할 줄 모르는 사람들에게는 어떨까? 키가 엄청 크거나 작은 사람들, 혹은 덩치가 아주 큰 사람들에게는 어떨까? 손 관절염을 앓고 있거나 휴대 전화를 보면서 피자 박스 더미를 들고 다니는 사람들에게 또 어떨까?

이 모든 질문은 우리가 해결할 문제와 누구를 위해 그 문제를 해결하는 것인지를 명확히 하기 전까지는 우리가 생각하는 디자인이 얼마나 좋고 나쁜지를 함부로 판단해서는 안 된다는 사실을 우리에게 넌지시 알려 준다. 물론, 굳이 복잡하게 많은 것들을 생각하지 않는 게 더 편하다. 업무량이 늘어나길 바라는 사람이 있을까? 여러 질문에 답하려면 그만큼 시간이 걸리기 마련이다. 하지만 이 단계를 건너뛰면 '좋은' 디자인이 어떤 디자인인지 추측하는데 머물러야 할 것이다. 해변에서 모래성을 쌓거나 레시피 없이 초콜릿 칩 쿠키를 만들 때에는 대강 짐작해 디자인을 해도 괜찮다. 모래성이나 쿠키가 잘 만들어지지 않는다 해도 위험이 부담이 크지 않다. 그러나 자신이 이식받을 인공 심장이나 타고 다닐 자동차 브레이크가 어림짐작으로 대강 만들어지기를 바라는 사람은 없을 것이다. 월급을 관리하는 데 사용하는 은행 앱이나 가족 휴가를 예약하기 위해 사용하는 항공사 웹 사이트 역시 마찬가지다(안전이 가장 중요한 비행기는 말할 것도 없다).

재미있는 가정을 한번 해 보자. 슈퍼어메이징도어코가 사업 전략을 바꾼다고 치자. 그들은 디자인 관련 업무를 의사 결정 과정과 통합시켜 더 원숙한 디자인을 추구하기로 한다. 또 여러 건물에서 자신들이 만든 문을 사용하는 사람들을 묵묵히 관찰하고 연구할 연구원을 고용한다. 그들은 자사 제품이 가진 문제점을 파악해 책임감을 가지고 현명하게 대처한다(보통 사용자들이 어리석다고 탓하며 책임을 회피하기에 급급한 형편없는 디자이너들과는 다른 모습이다). 그들은 더 나은 디자인이 곧 비즈니스 기회, 즉 매출을 향상시키고 동종 업계의 다른 회사들과 경쟁할 수 있는 방법이라는 사실을 깨닫는다.

슈퍼어메이징도어코는 자신들이 해결하고 달성해야 할 가장 중요한 문제와 목표가 담긴 목록을 작성해 가면서 어떤 문이 좋은 문인지 판단할 수 있는 평가 기준이나 요건을 정한다. 그 목록은 다음과 같다.

1. 설치하기 쉽다.
2. 튼튼하고 신뢰할 수 있는 품질을 갖추고 있다.
3. 건물주들에게 제품 스타일과 가격으로 어필할 수 있다.
4. 사용자 대부분이 문을 드나들며 기본적인 활동을 하는 데 문제가 없다.
5. 지속 가능하고 재사용이 가능한 자재로 만들 수 있다.

이러한 목록은 슈퍼어메이징도어코가 더 나은 문을 만들 수 있는 확률을 높여 준다. 모든 직원이 매일 자신의 업무를 그 목록과 비교해 가면서 그 업무가 목표를 달성하는 데 도움이 되는지 확인할 수 있었다. 노트르담 대성당의 화재 경보 시스템이 '경험이 부족하고 업무에 지쳐 있는 경비원들이 쉽고 빠르게 화재 장소를 파악해 올바른 조치를 취할 수 있도록 한다'는 목표를 두고 설계됐다면, 훨씬 더 나은 결과물이 나왔을 것이다.

하지만 목표가 담긴 목록을 만드는 것만으로는 충분하지 않다. '설치하기 쉽다'거나 '기본적인 활동'이란 정확히 무엇을 의미할까? 더 많은 질문을 통해 의미를 명확히 하지 않으면, 그 의미에 대한 해석이 분분해 혼란스러울 수 있고, 보여주기 식으로 일이 잘못 진행될 수 있다. 제품을 설치하거나 사용하는 데 얼마만큼의 시간이 걸려야 쉽다고 말할 수 있을까? 30초가 될 수도 있고, 30분이 될 수도 있다. 노트르담 대성당 같은 경우, 화재 상황을 정확히 파악하는 데 30분이 아닌 30초가 걸렸더라면 대참사가 아닌 사소한 해프닝으로 끝났을 수도 있다. 그렇다면 문을 드나들며 할 수 있는 기본적인 활동에는 어떤 것들이 있을까? 단순히 문을 여닫는 것을 말하는 걸까, 아니면 누군가를 위해 문을 잡아 주는 것도 포함될까? 커피를 들고 문을 드나들거나 어린 아이를 안고 다니며 문을 사용하는 사람들의 행위도 기본적인 활동에 포함될까? 일단 좋은 디자인을 만들기 위해 집중하고 생각이 명확하게 자리 잡기 시작하면 새로운 질문들이 계속 생겨나며, 이는 아주 좋은 현상이다. 좋은 생각이 더 좋은 생각으로 발전하는 것처럼 좋은 질문은 더 좋은 질문으로 이어지기 마련이다.

앞서 살펴본 질문들을 보면 '사용자 친화적' 혹은 '사용자 직관적' 디자인이라는 용어 역시 '사용자 중심' 디자인이라는 용어만큼 실속 없이 허울만 좋은 말이 될 수 있다는 것을 알 수 있다. 그런 말들은 상황과 맞지 않으면 아무 의미가 없으며, 주로 보여 주기 식 디자인에 갖다 붙이는 표현에 불과하다. 그런 보여 주기 식 디자인을 예기치 못한 곳에서 발견하게 될 수도 있다. 한 예로, 아래의 병과 병 라벨에 적힌 설명을 살펴보자.

장을 보다가 식품 포장지에서 '사용하기 쉬운'이라는 문구를 발견하고 놀란 적이 있다. 처음에는 음식을 사용하기 어렵거나 쉽다고 표현하는 게 이상하다는 생각이 들었지만, 그러고 보면 우리는 늘 음식이 가진 디자인에 영향을 받으며 살아왔다. 사과는 먹을 수 있는 천연 포장인 껍질을 가지고 있고, 한 손에 쏙 들어가는 크기를 가졌으며, 상품성이 좀 떨어지는 사과는 맨 위쪽이 아닌 중간에 진열된다. 슈퍼마켓에서 판매하는 포장 식품 대부분은 좀 더 먹기 편리하게 조리돼 있거나 가공돼 있다. 먹기 위해서는 손질할 도구와 노력을 필요로 하는 코코넛이나 파인애플과는 비교가 된다(코코넛은 번식하는 데 유리한 디자인을 가진 유물로, 코코넛의 단단한 껍질은 나무에서 떨어질 때 과육이 훼손되지 않도록 하고, 바닥에 떨어져서는 동물들이 먹지 못하도록 보호막 역할을 한다).

이유가 어떻든 간에, 하고많은 것 중에 말린 양파를 판매하기 위한 전략으로 '사용의 편의성'을 내세우는 것은 아무래도 좀 이상하다. 더 어이가 없는 것은 병에 붙은 라벨에 열거된 사항 중 그 어떤 것도 사용성과는 관련이 없다는 점이다. 첫째, 모든 종류의 양파는 냉장고가 아닌 찬장에 넣어 둬야 더 오래 보관할 수 있기 때문에 냉장 보관할 필요가 없다는 첫 번째 사항은 일종의 속임수나 마찬가지다. 둘째, 방부제가 들어 있지 않아 건강에 좋을 수 있는 것은 사실이나, 이는 양파를 사용하는 방식 때문이 아니라 양파가 가지고 있는 고유한 특성 덕분이다. 그런데 이 말린 양파를 사용하기 쉬운 대표적인 이유 두 가지는 언급조차 되지 않았다. 그 이유는 바로 양파를 다질 필요 없이 바로 사용할 수 있다는 점과 말린 양파이기 때문에 우리의 눈물샘을 자극할 수 있는 휘발성 물질이 제거돼 있다는 점이다!

말린 양파가 내세우고 있는 사용의 편의성은 전반적으로 볼 때 소비자를 현혹하는 나쁜 마케팅이라 볼 수 있지만, 그것을 내세우는 데에는 다 이유가 있다. '사용하기 쉽다'는 표현은 훌륭한 디자이너들이 자주 사용하는 마케팅 용어다. 사용의 편의성은 오로지 비교를 통해서만 평가가 가능하다. 과업을 완수하는 데 걸리는 시간, 사람들이 저지르는 오류의 빈도수, 성공하거나 실패할 확률 등이 흔히 평가 기준으로 사용되기는 하지만, 그 수치가 타당하다는 것을 증명하기 위해서는 누군가가 제대로 연구하고 평가할 수 있어야 한다. '새롭게 향상된'이란 말 역시 마케팅을 목적으로 자주 사용되는 상투적인 표현 중 하나다. 새로운 무언가가 꼭 좋은 것만은 아니다. 무언가가 개선됐다는 말은 아주 형편없던 것이 그보다 조금 나아졌다는 말이 될 수도 있다. 즉 크게 달라진 게 없다는 이야기다.

또 다른 상투적인 용어는 바로 '직관적' 디자인이라는 말로, 사람들이 쉽고 자연스럽게 사용할 수 있는 디자인을 의미한다. 문제는 거미줄을 치고 미끄러지듯 기어가는 능력을 선천적으로 타고난 거미나 뱀과는 달리 인간은 이렇다 할 특별한 기술을 가지고 태어나지 않는다는 점이다.[5] 인간은 태어난지 몇 주 혹은 몇 달 만에 스스로 앉거나 말하거나 걸을 수가 없고, 제대로 앉고 말하고 걷는 데에만 몇 년이 걸린다. 우리가 '자연스럽다'고 여기는 것은 문화를 통해 배우고 쌓아 온 경험과 관련이 있다.

예를 들어, 오늘날 우리는 자동차 핸들을 직관적으로 사용한다. 자동차는 한 세기 동안 큰 인기를 누렸고, 영화나 TV에서도 자주 볼 수 있었기 때문이다. 여러분이 타임머신을 타고 1163년의 노트르담 대성당을 짓는 건축가나 2855년의 '직접 신경 인터페이스'가 탑재된 신경 주입 사이보그를 찾아가 자동차 핸들을 건넨다면, 그게 무엇이고 어떻게 사용해야 하는지 전혀 알지 못할 것이다. 그들에게 자동차 핸들은 비직관적인 물건일 수밖에 없다. 심지어 지금도 각 문화에 따라 같은 디자인적 요소가 다르게 해석될 수 있다. 빨간색은 서양에서 어떤 위험이나 장애를 뜻하지만(영어로 '복잡한 절차red tape'나 '적자 상태in the red'를 말할 때 빨간색을 뜻하는 'red'라는 단어가 쓰인다), 많은 아시아 지역에서는 빨간색이 기쁨과 행복을 의미한다. 또 '엄지척'을 하는 손동작이 서양에서는 긍정적인 의미로 사용되지만, 서아프리카와 중동에서는

---

5) Mindy Weisberger, "Why Are Human Babies So Helpless?" Live Science, May 2, 2016, https://www.livescience.com/54605-why-are-babies-helpless.html.

가운뎃손가락을 추켜올리며 하는 욕과 같은 의미로 사용된다.[6]

흔히 우리는 무언가가 이해하기 쉬울 때 직관적이라고 부르고, 그게 아니면 그것은 사용하기 어려운 것으로 치부하는 오류를 범하곤 한다. 이 같은 오류는 모든 사람이 '우리와' 같은 지식과 문화를 가지고 있을 것이라는 생각에서 나온다! 우리가 감정적인 동물이라는 사실을 감안하면 충분히 일어날 법한 오류다. 좌절과 기쁨은 우리의 이성이나 논리를 뛰어넘는 강렬한 경험이다. 새로운 휴대 전화나 비디오 게임 조종 장치를 테스트하기 위한 시제품을 손에 쥐었을 때 그 제품이 아주 자연스럽게 느껴져 만족감을 느낀다면, '내 손이 다른 사람들의 손과 어떻게 다를까' 혹은 '두 손이 없는 사람은 이것을 어떻게 사용할 수 있을까'와 같은 질문을 할 생각이 잘 들지 않는다. 그런 건설적인 질문은 우리가 느끼는 만족감을 떨어뜨리고, 우리의 감정과 이성이 충돌하도록 만들 수 있기 때문이다.

북유럽 신화의 신 토르는 초자연적인 힘을 가지고 있기 때문에 자신의 망치를 거뜬하게 들어 올릴 수 있다. 다른 누군가가 그 망치를 들어 올리려다가 실패하는 모습을 보기 전까지 토르는 많은 이들이 자신과 같지 않다는 사실을 망각하기가 쉽다. 기업가나 정치인 같은 권력자들 역시 자신의 일상적인 삶이 고객이나 유권자의 삶과 얼마나 동떨어져 있는지 자주 잊곤 한다. 세상에 존재하는 많은 것들이 그것을 만든 사람들이나 소수의 사람들만을 위해 만들어진 것처럼 보이는 것은 그리 놀랄 일이 아니다.

---

6) David Anderson et al., "5 Everyday Hand Gestures That Can Get You in Serious Trouble outside the US," Business Insider, January 5, 2019, https://www.businessinsider.com/hand-gestures-offensive-different-countries-2018-6.

04
사람이
먼저다

How Design Makes the World

**How
Design
Makes
the
World**

　예순두 살의 성공한 사업가 제임스 W. 헤셀든James W. Heselden은 높은 절벽에서 추락하는 사고로 숨졌다. 사고 발생 당시 그는 세그웨이Segway라는 전동 스쿠터를 타고 있었고, 다른 사람이 지나가도록 길을 비켜주려다가 그만 추락하고 말았다. 헤셀든은 하필 그 세그웨이를 만든 회사의 소유주였고, 발명가던 카멘Dean Kamen이 그 세그웨이를 개발했다. 세그웨이는 설계상 여러 문제를 가지고 있었는데 그 문제의 원인은 세그웨이를 구입할 사람들은 고려하지 않은 채 기술만을 앞세워 개발에 착수하기로 한 카멘의 전략적 실수에 있었다.

　카멘은 세그웨이를 발명하기 전 수백만 명에게 도움을 준 여러 중요한 의학 발명품을 개발해 낸 사람이었다. 그 중 하나는 거동이 불편한 사람들이 험한 지형을 오르내리고, 높은 선반에서 물건을 꺼내고, 비좁은 공간에 들어갈 수 있도록 도와주는 아이봇iBOT이라는 휠체어였다. 카멘은 아이봇에 사용된 기술을 재사용할 목적으로 세그웨이 프로젝트를 시작했지만, 그 기술은 새로운 문제를 야기했다. 그 원천 기술이 혁신적인 이동 기기를 만들어 낸 기술이었던 만큼 그가 큰 포부를 가지고 누구나 사용할 수 있는 제품을 목표로 하는 것은 어쩌면 당연했다. 그러나 그런 그의 목표는 희망사항에 불과했다. '모두가 사용할 수 있는' 제품을 디자인하겠다는 것은 다양한 사람들의 요구 사항을 뭉뚱그려 큰 가정을 하고, 그들의 요구 사항이 동일하다고 확신하는 것이나 다름없다.

세그웨이 시제품들은 아주 흥미로웠다. 꼭 멋진 장난감 같았다. 세그웨이의 독특한 공학 기술은 그 기기가 스스로 균형을 잡고 유지하면서 사용자가 보행 속도보다 더 빠른 속도로 쉽게 이동할 수 있게 했다. 세그웨이는 미래의 최첨단 기기를 타고 공중에 떠다니는 기분이 들게 해 줬고, 독특한 기능을 기기에 잘 담아내 선보였다. 그러나 세그웨이 개발자가 제품을 시연해 가며 주요 기능을 선보이는 것이 사람들이 중요하게 생각하는 문제를 어떻게 해결했는지를 보여 주는 것은 아니다.

성공적인 시제품을 선보인 카멘의 드높은 명성은 세그웨이라는 발명품에 대한 큰 기대와 거창한 평가를 이끌어 냈다.[7] 카멘은 "자동차가 말을 대신한 것처럼, 세그웨이가 자동차를 대신하게 될 것"이라고 주장했다. 많은 전문가들 역시 세그웨이라는 신개념 기기에 큰 감명을 받았다. 스티브 잡스는 "PC 만큼이나 놀라운 발명품"이라고 극찬했다. 아마존 창업자인 제프 베조스는 "가히 혁명적인 제품이라 판매하는 데 전혀 무리가 없을 것"이라고 평했고, 웹 브라우저 기업 넷스케이프Netscape와 아마존의 초기 투자자인 존 도어John Doerr는 "인터넷보다 더 대단한 발명이 될 수도 있을 것"이라고 말했다. 심지어 세그웨이에 열광한 팬들은 '자동차를 대체할 수 있어야 한다'는 카멘의 문제의식을 당연한 것처럼 받아들였고, 세그웨이가 진정 누구를 위한 발명품인지, 즉 '자기 차를 세그웨이로 바꾸고 싶어 하는 사람은 누구이고 또 그 이유는 무엇인지'를 묻고 확인하는 데에는 관심이 없었다.

그런 무관심은 결국 세그웨이 프로젝트에 허점을 만들어 냈다. 세그웨이사는 제품 디자인보다 제품 제작에 더 집중하고 있었다. 보통 위대한 발명품들은 기술을 최우선으로 해 만들어지는 게 사실이다. 그러나 누군가는 기술 외에 다른 것들을 주의 깊게 살펴보며 질문하기 마련이다. 누가 그것을 사용할 것인가? 사용자의 삶의 질을 향상시키기 위해 개선할 수 있는 점은 무엇인가? 카멘이 사람들에게 보다 더 관심을 가지고 세그웨이 개발에 착수했거

---

7) 이 단락에 쓰인 모든 인용구는 2001년 12월 2일 《타임》에 실린 기사 "Reinventing the Wheel"에서 발췌한 글로, http://content.time.com/time/business/article/0,8599,186660,00.html에서 확인 할 수 있다.

나, 중간중간 기술 외에 다른 점들에도 관심을 기울였다면, 매년 자동차보다 훨씬 더 많이 제작되고 판매되는 자전거를 연구 대상으로 삼아야 한다는 사실을 알 수 있었을 것이다(실제로 세그웨이가 출시된 시점에 제작된 자전거와 자동차는 각각 1억 대와 4천 2백만 대로 자전거가 자동차보다 2배 이상 더 많이 제작됐다).[8] 자전거는 가격이 저렴하고 유지·관리가 쉽고 다른 사람을 태우거나 짐을 싣고 운반할 수 있으며 웬만한 사람은 다 능숙하게 탈 줄 아는 이동 수단이다. 세그웨이는 그런 자전거의 여러 장점을 가지고 있기는 커녕 무겁고 위험하고 낯선 모습을 하고 있었다(조지 W. 부시와 언론인 피어스 모건Piers Morgan 역시 세그웨이를 타다가 사고를 당했다).

세그웨이는 자전거와 달리 충전기와 수리를 받기 위한 전용 서비스 센터가 있어야 했고 날씨에도 민감했다. 세그웨이가 사람들이 겪고 있는 문제를 일부 해결했는지는 모르지만, 새로운 문제들을 만들어 내고 있었다. 세그웨이는 사람들이 실제로 무엇을 원하는지 제대로 파악하지 못했고, 그 결과 틈새시장만 공략하다가 결국 시장에서 실패하고 말았다. 카멘이 기술을 중시하는 것만큼 사람을 먼저 생각할 줄 알고, 기술과 사람 양쪽에 두루 관심을 가졌다면 훨씬 더 좋은 결과를 얻을 수 있었을 것이다.

사람을 먼저 생각하며 사업에 착수한 좋은 예로 일곱 명의 자쿠지Jacuzzi 형제 이야기를 들 수 있다. 그들은 1915년 기술 이민을 통해 이탈리아에서 미국 캘리포니아주로 이주해 처음에는 과수원에서 과일을 수확하는 일을 하다

---

8) 자동차와 자전거 통계 모두 월드오미터, https://www.worldometers.info에서 확인한 수치이다.

가 비행기 프로펠러와 유압장치계통을 만들고 결국에는 비행기까지 만들어 낸 가족이었다. 비행기 추락으로 일곱 형제 중 한 명이 숨지자 가족들은 항공 사업을 접고 대신에 농장 관개 시설을 만드는 사업을 새로 시작한다.

1940년대에 일곱 형제의 자녀 중 한 명인 켄 자쿠지가 류머티즘 관절염 진단을 받게 된다. 류머티즘 관절염은 수치료(물의 세기나 온도에 따른 자극을 이용해 질병을 치료하는 물리 요법을 말한다_옮긴이)를 받기 위해 병원을 자주 찾아야 하는 고통스러운 질환이다. 켄의 어머니 이네즈는 남편 칸디도에게 그가 가진 공학 지식을 아들 켄의 문제를 해결하는 데 사용해 보는 것이 어떻겠냐고 물었다. 켄이 휴대용 수치료 기기로 집에서 치료를 받을 수 있도록 해 보자는 제안이었다.[9] 칸디도는 아내의 제안을 받아들여 노먼의 문에 달린 손잡이와 달리 올바른 손잡이가 상단에 달린 여행용 가방 크기의 간단한 튜브를 설계했다. 그 튜브는 거의 모든 가정용 욕조에 넣을 수 있도록 설계돼 욕조를 치료용 풀로 바꿔 줬다. 얼마 지나지 않아 병원들은 칸디도가 만든 이 수치료 기기를 찾았고, 곧이어 미국에서는 온수 욕조 열풍이 불면서 자쿠지의 온수 욕조 모델들이 시장에서 최고급 제품으로 인정받게 됐다.

단 한 사람을 위해, 그리고 단 하나의 문제를 해결하기 위한 마음가짐으로 시작할 때 우리는 제작의 어려움이나 자만심에 빠져 허우적거리지 않고 사용자의 욕구를 충족시킬 수 있다. 어떤 한 사람이 겪고 있는 문제 하나도 제대로 해결하지 못한다면, 수백만 명이 겪고 있는 문제 역시 해결하기 어려울

---

9) 켄 자쿠지가 가정용 수치료 기기에 대한 이야기를 직접 들려주는 모습이 담긴 영상을 '자쿠지의 역사'를 소개하는 웹 페이지 https://www.jacuzzi.co.uk/jacuzzi-world/history에서 볼 수 있다.

것이다. 따라서 수백만 명을 위한 어떤 문제를 해결하는 게 목표라면, 한 사람이 아닌 수많은 사람이 원하는 것이 무엇인지 주의 깊게 살펴보고 연구하는 게 마땅하다.

보통 성공한 제품들을 보면 사람을 먼저 생각하고 개발에 착수하는 비슷한 사례를 가지고 있는 경우가 많다. 서브제로Sub-Zero의 창업자 웨스티 바키Westye Bakke는 시중에 나와 있는 냉장고 모델로는 아들의 인슐린을 적정 온도에서 보관하기가 어려워 보다 안정적이고 믿을 수 있는 냉동·냉장 시스템을 직접 만들기로 결심했다.[10] 샘 파버Sam Farber와 그의 아내 벳시Betsy가 디자인한 미국의 유명한 주방용품 옥소Oxo는 관절염을 앓고 있던 벳시가 더 쉽고 편안하게 요리할 수 있는 디자인을 고민하기 시작하면서 탄생한 브랜드다. 그들의 주방용품 디자인은 관절염을 앓고 있는 사람들뿐 아니라 손을 가진 사람이라면 누구나 사용하기 좋은 디자인임이 밝혀졌다. 스위스 군용 칼Swiss Army knife 역시 그 이름에서 알 수 있듯이 스위스 군인들을 위해 만들어진 제품이다. 제2차 세계 대전 이후, 성능 좋은 이 다용도 '칼'을 만족스럽게 사용했던 미국 군인들이 본토로 가져와 널리 알려지면서, 미국은 스위스 군용 칼의 가장 큰 시장이 됐다.

우리에게 중요한 질문 두 가지, 즉 누구를 위해 무엇을 개선할 것인지를 묻는 것은 쉽다. 그러나 그 질문에 잘못된 방식으로 답하는 경우가 많다. 흔히 저지르는 실수가 바로 그 질문에 어림짐작으로 답하는 것이다. 보통 우리는

---

10) Sub-Zero, "Our Heritage," https://www.subzero-wolf.com/company/our-heritage.

"우리 제품을 사용하는 사람들이 ○ ○ 을(를) 정말 필요로 할 것 같아요."라고 답하지만, 그것은 추측에 불과하다. 추측을 할 경우, 한쪽으로 치우친 생각, 편향된 문제 해결 방식, 일이 더 늘어나지 않기를 바라는 성향 등 우리가 가지고 있는 갖가지 그릇된 편견이 우리를 엉뚱한 방향으로 이끌 수 있다. 편견에 사로잡히지 않은 올바른 디자이너는 고객의 진정한 니즈를 이해하기 위해서는 고객의 말을 경청하거나, 고객을 주의 깊게 관찰하거나, 디자인 초기 단계에 시제품을 테스트하는 데 시간을 투자해야 한다는 것을 잘 알고 있다.

큰 야망을 가진 사람들은 상대방의 말을 경청하지 않을 수도 있다. 보통 그들은 상대방이 말을 멈추기만을 기다린다. 심지어 자신이 디자인할 제품을 필요로 하거나 사용할 사람들의 말조차 귀담아듣지 않을 때도 있다. 그들은 자기 신념에 대한 그릇된 자존심이 워낙 강해 다른 사람들이 앞에서 무슨 말을 하든 자기 생각이 더 중요하다고 믿는다. 그들이 다른 사람들의 의견을 듣는 것은 다양한 의견을 진지하게 경청하고 배우기 위해서라기보다는, 처음부터 마음에 품고 있던 아이디어로 승인을 받기 전에 '고객들과 대화를 나눴다'는 명분을 갖추게 해 주는 체크 리스트 항목을 충족시키기 위해서다. 가장 위험한 유형의 보여 주기 식 디자인은 어쩌면 디자이너의 마음속에서 만들어지고 있는지도 모른다.

05
모두가
디자이너다

How Design Makes the World

○

**How
Design
Makes
the
World**

세상에 수많은 종류의 많은 것이 존재하는 만큼 디자이너의 종류도 다양하다. 어떤 디자이너들은 산업 디자인에 특화돼 있고, 또 어떤 디자이너들은 거의 모든 분야에 적용할 수 있는 디자인 방식에 주력하기도 한다. 보통 우리가 자주 접할 수 있는 디자이너의 종류를 살펴보면 다음과 같다.

- **어번**Urban **디자이너** : 도시, 지역
- **건축가** : 주택, 건물, 대형 구조물
- **인테리어 디자이너** : 사람들이 거주하고 근무하는 건물 내부
- **게임 디자이너** : 비디오 게임, 보드 게임
- **패션 디자이너** : 고급 의류, 유니폼, 평상복
- **산업 디자이너** : 토스터, 자동차, 공장에서 만들어 내는 모든 물품
- **그래픽 디자이너** : 잡지, 거리 표지판, 로고, 웹 사이트 제작 등에 사용

되는 시각 자료

- **웹 또는 모바일 앱 디자이너** : 인터넷 사이트, 모바일 앱

아시다시피 디자이너의 종류를 전부 다 나열하자면 한도 끝도 없을 것이다. 음향 디자이너(영화, 콘서트), 보트 디자이너, 서비스 디자이너(식당이나 병원에서의 고객 경험), 도축장 디자이너, 화재경보기 디자이너, 교도소 디자이너, 투표용지 디자이너(나비형 투표용지!), 롤러코스터 디자이너 등 셀 수 없이 많다. 항공 엔지니어를 포함한 일부 직종에서는 '엔지니어'라는 명칭을 선호하기도 하지만, 항공 엔지니어들도 자신들이 '항공기, 우주선, 위성, 미사일을 디자인하는' 사람이라고 표현한다.[11] 또 디자이너 직군 목록에는 '디자인'이라는 단어를 잘 사용하지는 않지만 선반, 음식, 수업을 디자인하는 데 일정 시간을 할애하는 목수, 요리사, 교사와 같은 전문직 종사자들은 빠져 있다.

의사나 변호사들과 마찬가지로 디자이너들 역시 보통 디자인에 대한 기본 지식을 어느 정도 공유하고 있지만, 저마다 다른 전문성을 갖고 있다. 예컨대, 심장외과 전문의와 피부과 전문의 모두 응급 처치를 할 줄 알지만, 피부과 전문의에게 이중 우회 심장 수술을 해 달라고 할 사람은 아무도 없을 것이다. 마찬가지로, 웹 디자이너에게 핵 미사일 디자인을 맡기거나 반대로 핵 미사일 디자이너에게 웹 디자인을 맡겨서는 안 된다.

1!) Bureau of Labor Statistics, "Occupational Outlook Handbook: Aerospace Engineers," https://www.bls.gov/ooh/architecture-and-engineering/aerospace-engineers.htm.

디자인이 어떻게 세상을 만들어 가는지 이해하고자 할 때, 사용자 경험 (UX) 디자인을 이해하면 특히 더 도움이 될 수 있다. UX 디자이너는 웹 사이트나 의자와 같은 상품에 집중하기보다는 사람, 즉 사용자를 중점적으로 연구한다. 그들은 '누구를 위해 디자인할 것인가? 사용자가 완수하고자 하는 과제는 무엇인가?'와 같은 질문을 던진다. UX 디자이너는 시제품을 만들고 사용자 인터페이스를 디자인해 사람들이 제품을 통해 최대한 만족스러운 경험을 할 수 있도록 한다. 보통 UX 디자이너는 사용자를 조사하고 사용자의 니즈가 얼마나 충족되고 있는지 등을 파악해 의사 결정권자에게 알려주는 UX 조사 전문가와 함께 일한다. 또 사용성 연구를 수행하고 고객 인터뷰를 하는 등 더 나은 디자인 결정을 내리는 데 효과적인 다양한 도구와 방법을 활용한다.

디자인은 교육을 필요로 하는 전문 직종이기는 하지만, 어떻게 보면 세상의 모든 사람이 다 디자이너라 할 수 있다. 사실 우리 모두는 무언가를 디자인하며 산다. 거실에 가구를 배치하거나 사무실 책상에 물건을 배치하는 것도 일종의 디자인에 해당한다. 심지어 휴대 전화 홈 스크린 바탕 화면 아이콘이나 소셜 미디어의 프로필 배경 이미지를 원하는 대로 배치하는 것도 디자인 작업이라 할 수 있다. 사람들은 은연중에 무의적으로나마 목표를 정하고 그 목표를 달성하기 위한 선택을 한다.

물론 디자인이라기보다는 만들기에 더 가까운 일반 사람들의 결과물은 평범하거나 형편없어 보일지도 모른다. 하지만 세상에는 훌륭한 디자이너만 있는 게 아니다. 모든 사람이 아침에 옷을 차려입기는 하지만, 보통 다른 사람들보다 옷을 훨씬 더 잘 입는 사람들이 있기 마련이다. 하루 종일 아무것도 디자인하지 않는 사람은 거의 없다. 쓰기, 말하기, 그 외에 다른 여러 평범한 능력을 더 전문적으로 발휘하는 사람들이 있는 것처럼 디자인도 누구나 다 하고 있지만 잘하는 사람과 못하는 사람이 있을 뿐이다.

위대한 디자인 영웅 중 한 명으로 손꼽히는 빅터 파파넥Victor Papanek은 이렇게 말했다.

디자인은 모든 인간 활동의 기본이다. (…) 디자인을 따로 분리해 별개의 것으로 만들려는 모든 행위는 디자인이 우리 삶의 가장 근원적인 모체라는 사실에 역행한다. 디자인이란 서사시를 짓고, 벽화를 완성하고, 걸작을 그리고, 협주곡을 작곡하는 것이다. 책상 서랍을 깔끔하게 정리정돈하고, 매복치를 뽑고, 애플파이를 굽고, 실외 야구 경기를 하기 위해 편을 나누고, 아이를 가르치는 일 역시 디자인이다.[12]

보통 디자이너들은 디자인을 어떻게 정의할 것인가를 두고 자주 논쟁을 벌이는 한편, 일부는 파파넥의 정의를 탐탁지 않게 여기기도 한다. 파파넥은 개인적 표현에 관한 예술과 문제 해결에 관한 디자인의 경계를 모호하게 만들었다. 그는 또 보통 정해진 단계를 거치기만 하면 되는 애플파이 굽는 일을 훨씬 더 어려운 작업이라고 할 수 있는 '걸작을 그리는 일'에 거침없이 견줬다. 그렇다고 해도 필자는 파파넥의 말에 동의하는 편이다. 그는 분명한 의도나 생각을 지닌 사람, 그리고 그 목표를 현실로 만들기 위해 애쓰는 사

---

12) Victor Papanek, Design for the Real World: Human Ecology and Social Change (Academy, 2005).

람을 이야기하고 있는 것이다. 일단 다양한 인간 활동에 어떤 공통점이 있다는 사실을 먼저 발견하고 이해하는 것이, 무엇이 얼마나 창의적이고, 얼마나 아름답고, 다른 사람들에게 얼마나 유용한지를 따지는 것보다 더 중요하다.

좀 더 정확하게 말하면, 인류라는 종으로서의 집단 생존은 우리가 공통적으로 가지고 있는 디자인 능력에 그 기반을 두고 있다. 약 200만 년 전, 말 그대로 돌을 날카롭게 갈아 처음으로 '돌도끼'를 만들었을 때 우리는 돌이라는 재료를 용도에 맞는 모양으로 디자인했다.[13] 무언가를 디자인하고 다른 사람을 가르칠 수 있는 능력은 우리를 인간답게 만들어 주는 특징이다. 우리가 최초의 언어를 디자인하기 전인 아주 먼 옛날에 도끼, 피신처, 음식, 옷, 부족을 디자인하는 데 더 능숙했던 이들을 뭐라고 불렀는지는 확실히 알 수 없지만, 우리 모두는 그 디자인 능력을 물려받았고, 그 능력을 물려받지 못했다면 인류라는 종은 아예 존재하지 못했을 것이다.

오늘날 전문 디자이너와 일반인의 가장 큰 차이점은 그들이 결정을 내릴 때 얼마나 신중하냐에 있다. 대부분 사람은 일상생활에서 별 번거로움 없이 일 처리를 하고 싶어 한다. 사람들은 한쪽에는 소파를 놓고 다른 한쪽에는 탁자를 놓아 사용하는 데 불편하지만 않으면 된다. 또 가장 간단하고 쉬운 템플릿과 기본 옵션을 그대로 사용해 웹 사이트나 소셜 미디어 프로필을 만들 것이다. 사람들은 문제가 있을 때에만 다른 방안을 모색할 것이다. 더 좋은 방안을 찾는 데 굳이 더 많은 시간과 노력을 투자해서 얻을 수 있는 게 별로 없다고 생각한다.

---

13) The Earth Institute, "Humans Shaped Stone Axes 1.8 Million Years Ago, Study Says," September 1, 2011, https://www.earth.columbia.edu/articles/view/2839.

반면에 훌륭한 디자이너들은 품질에 대한 기준이 높고 매사에 빈틈이 없으며 사려가 깊다. 그들은 또 높은 품질을 얻기 위해서는 결정을 내리기 전에 먼저 다양한 아이디어를 탐구하고 어떤 아이디어가 품질 기준을 가장 잘 충족시키는지 꼼꼼히 비교해 봐야 한다는 것을 알고 있다. 디자이너들이 질문을 많이 하기로 악명이 높은 데에는 다 그만한 이유가 있다. 그들은 여러 방안을 제대로 확인하고 평가하기 위해 사용자나 해결해야 할 문제를 더 깊이 이해할 수 있기를 바란다. 이런 농담도 있다. "전구 하나를 갈아 끼우는 데 디자이너가 몇 명이나 필요한 거죠?"라고 비꼬듯 물으면, 디자이너는 "근데 그게 꼭 전구여야 하나요?"라며 진지하게 다른 질문으로 되묻는다고 한다.

디자이너의 끊임없는 질문이 성가시게 들릴 수도 있다. 그러나 훌륭한 디자이너들은 많은 사람이 필요 이상으로 성급한 결론을 내리는 경향이 있다

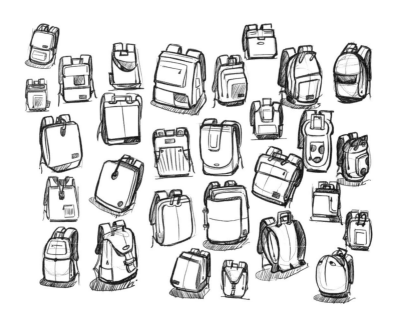

는 것을 알고 있다(예를 들어, 여러분의 공간을 다시 디자인하거나 하루 일과를 재조정하는 것이 문제를 해결하는 데 더 적합할 수도 있다. 인위적인 조명은 불필요할 수 있다는 이야기다). 보통 가장 큰 문제는 해결 과제를 잘못 선정하거나, 해결해야 할 문제를 주먹구구식으로 정의하는 데에서 발생한다.

프로 디자이너와 처음으로 함께 일하는 사람 대부분이 놀라는 것이 바로 다양한 아이디어를 탐색하는 데 상당한 시간을 할애한다는 점이다. 시계, 모바일 앱, 오븐 겸용 토스터를 만드는 디자이너의 경우, 보통 디자인 수십여 개를 스케치하고 시제품을 만드는 일이 허다하고, 제품의 외양과 기능 하나하나를 다듬고 고치면서 그 숫자가 수백 개까지 늘어나기도 한다. 많은 사람들이 '디자인을 잘 하는 사람이라면 좋은 것을 바로 디자인해 줄 수 있어야 하는 거 아닌가?' 하는 의문을 갖기도 한다. 그러나 배낭처럼 간단해 보이는 제품 하나를 디자인하기 위해 디자이너들은 몇 시간씩 다양한 옵션을 살펴보고 질문을 쏟아낼 수도 있다. 앞에 보이는 디자이너 칼리 헤긴스[Carly Hagins]의 배낭 스케치가 보여주듯 디자이너들은 다양한 디자인을 바로바로 확인할 수 있는 간단한 밑그림을 그려 가며 디자인 작업을 해 나간다.

첫 번째 시안을 바로 선택했다고 해서 그 디자인이 꼭 훌륭하다거나 올바른 선택이었다고 말할 수도 없다. 처음 만난 매력적인 사람과 무턱대고 결혼해도 될까? 영화에서 처음 본 나라로 이사를 가도 괜찮을까? 디자이너 들러니 커닝햄[Delaney Cunningham]의 말은 우리가 자신에게 맞는 스타일의 신발을 새로 구입하던 때를 생각나게 한다. 그때 우리는 그냥 가게에 들어서자마자 처음 눈에 띈 신발을 사이즈 확인은커녕 신어 보지도 않고 구입했을까? 우리 대부분은 자신에게 맞는 신발을 찾기 위해서는 다양한 디자인의 신발을 이 것저것 신어 보고 꼼꼼히 살펴보면서 자신에게 가장 맞는 신발을 찾아야 한 다는 것을 알고 있다. 또 신발마다 가격, 스타일, 착화감이 다 다르고, 그 세 가지 요소가 트레이드오프tradeoff 관계를 형성해 상호보완적으로 연결돼 있다 는 것도 알고 있다. 좋은 신발을 구입하기 위해서는 반드시 거쳐야 할 일련 의 과정이 존재한다. 디자인 작업도 우리가 신발을 고를 때와 거의 같은 방 식으로 진행된다. 디자인은 좋은 결과를 얻기 위해 여러 방안을 모색하고 평 가하는 과정이다.

신발을 사는 것과 신발을 디자인하는 것이 똑같다는 이야기가 아니다. 품 질 좋은 신발 한 켤레를 만들기 위해서는 해야 할 일이 더 많을 것이다. 하 지만 신발을 신중하게 골라 구입할 때마다 그 신발을 만든 디자이너들이 여 러 대안을 탐색하고 검토하며 거쳤던 과정을 우리도 비슷하게 경험하게 될 것이다.

더 큰 문제는 다른 누군가를 위해 디자인할 때 생긴다. 한 번도 만난 적이 없거나 전혀 모르는 사람에게 잘 맞는 신발을 제대로 고를 수 있을까? 아마 쉽지 않을 것이다. 사람들은 저마다 다른 발 모양과 취향을 가지고 있고, 같 은 신발을 신어도 편안함을 느끼는 정도가 제각각이다. 다른 사람에게 잘 맞 는 신발을 제대로 고르려면, 먼저 그 사람이 걸어 다니고 활동하는 모습을 하 루 종일 지켜보고 관찰하면서 자세히 살펴봐야 할 것이다(실제로 우리가 어 떻게 움직이고 활동하는지는 우리 자신도 잘 모를 때가 많다). 결국 우리가 할 수 있는 거라고는 신발을 여러 켤레 사서 그 사람에게 전하는 것이다. 그러면 그 사람이 그 신발들을 신어 보고 자신에게 가장 잘 맞는 신발 한 켤레를 제외한 나머지를 반품하면 될 것이다. 역시 사람을 이해하는 것에서부터 출발하는 것이 여러모로 좋다.

06
사는 곳의
거리
디자인

How Design Makes the World

**How
Design
Makes
the
World**

　화재경보기, 문, 말린 양파, 신발은 우리가 사용하기 좋은 크기로 조정할 수 있기 때문에 디자인을 이해하고 배우기에 좋은 것들이다. 그런데 그보다 더 흥미로운 디자인은 보통 그 크기가 너무 커서 거기에 디자인이 존재한다는 사실조차 의식하지 못하는 것들에서 찾아볼 수 있다. 바로 문화 공동체, 지역, 도시와 같은 큰 공간의 디자인이다. 여러분이 살고, 일하고, 즐기는 공간의 좋고 나쁨은 여러분이 태어나기 훨씬 전에 그것들을 만든 디자이너들에 의해 결정됐지만, 그들의 결정이 지금까지 우리 공간에 미치는 영향은 생각보다 더 강력한 경우가 많다.

　내가 태어나고 자란 뉴욕시는 그 거리의 구조로 유명한 도시다. 특히 뉴욕시의 중앙에 위치한 자치구인 맨해튼은 바둑판 모양의 격자형 도로와 거리를 가지고 있는 것으로 유명하며, 이는 모든 교차로가 모든 방향에서 직각을 이루고 있음을 의미한다. 격자형 도로망을 최초로 사용한 시기는 지금의 파키스탄에 모헨조다로^{Mohenjo-daro} 고대 도시가 건설됐던 기원전 2600년으로 거슬러 올라간다.[14] 알렉산더 대왕을 비롯한 그리스인들이 이 격자형 도로 체계를 재사용하고 로마인들이 나폴리와 토리노 같은 이탈리아 도시에 이를 적용하면서 격자형 도로망이라는 도시 디자인의 개념은 전 세계로 널리 퍼져 나갔다.

윌리엄 펜^{William Penn}이 필라델피아를 격자형 도시로 건설하면서 미국에 처음 도입된 이 도시 디자인이 미국에서는 일반적이지만, 파리, 런던, 베니스 등 세계의 많은 도시는 격자형 도시가 아니다. 다른 많은 도시에서는 격자형 도로망 대신에 유기적인 도시 개발이 이뤄지면서 곡선 도로와 획일화되지 않은 도로망이 형성됐다. 격자형 도로망은 훌륭한 디자인일까? 흔히 그렇듯, 정답은 "상황에 따라 다르다." 즉 우리가 몇 가지 중요한 질문을 통해 확인해 보기 전까지는 그 답을 알 수 없다.

1807년 뉴욕시에 격자형 도로망이 만들어지자 자신의 토지를 쉽고 간단하게 매각할 수 있기를 바라는 지주들의 큰 호응을 얻었다. 직사각형 구획은 땅을 구입할 사람들이 땅을 더 쉽게 둘러볼 수 있게 해 준다. 그러나 지주들과 뉴욕시 정부 사이의 권력 다툼으로 모든 계획이 틀어지면서 1807년에 만들어진 위원회가 도시를 재정비하기 위한 제도를 제대로 수립하기까지는 무려 100년이라는 시간이 걸렸다.

---

14) Laurence Aurbach, "A Brief History of Grid Plans, Ancient to Renaissance," originally published on Ped Shed, November 30, 2006; archived copy available at https://web.archive.org/web/20170424194044/http:// pedshed.net/?p=12.

격자형 도로망은 보행자와 관광객도 편리하게 이용할 수 있는 도로 체계다. 도시와 길과 도로가 서로 나란히 뻗어 있기 때문에 사람들이 길을 찾기가 쉽다. 모든 교차로가 직각을 이루고 있어 우리가 어디에 있는지 알기가 쉬워 엉뚱한 곳까지 멀리 갈 일이 생기지 않기 때문에 길을 잘못 들어도 바로 알아차릴 수 있다. 또 격자형 도로 체계는 호텔과 식당 같은 소매업자들에게도 유리한 구조라 할 수 있다. 격자형 구조로 두 도로가 만나는 모퉁이

가 생기고, 길모퉁이에 위치해 있는 가게는 양방향으로 동시에 노출될 수 있기 때문이다. [15]

그러나 격자형 도시에서 걷거나 자전거를 타거나 운전할 경우, 교차로가 나올 때마다 가던 길을 멈춰야 하는 상황이 더 자주 발생하게 된다(이러한 상황은 교차로로 나뉜 구획의 크기에 따라 달라질 수 있지만, 격자형 도시 대부분은 작은 구획을 가지고 있다). 격자형 구조는 현대에 들어서 신호등, 횡단보도, 관련 사회 기반 시설이 더 많아지면서 그 유지비 또한 만만치 않게 든다. 마지막으로 격자형 도시 구조는 경관에 주의를 기울이지 않기 때문에 언덕, 호수, 숲, 그밖에 다른 자연적인 특징들은 간과하기가 쉽다.

피츠버그나 샌프란시스코의 가파른 언덕을 걸어서 오르내려야 하는 사람이라면 격자형 구조가 일부 지역에 가장 적합한 디자인이었는지 의문이 들 것이다. 격자형 도시 구조는 드라마틱한 경관을 배경으로 아름다운 경치를 만들어 내기도 하지만, 걸어 다니기가 힘들다는 대가가 따른다. 샌프란시스코에서 가장 가파른 거리 중 하나로 경사도가 27도에 달하는 롬바드가Lombard Street는 격자형 구조에서 보다 안전하게 사용할 수 있도록 설계한 급커브길로 이뤄진 지그재그 모양의 도로다. [16] 그런데 실제로 샌프란시스코에서 가장 가파른 곳은 경사도가 31도인 필버트 거리Filbert Street로 여러분의 무릎 건강은 전혀 고려하지 않은 채 격자형 구조를 충실히 따라 만든 거리다. 세계에

15) Paul Knight, "Choose the Grid? Absolutely," The Great American Grid, February 26, 2012, http://www.thegreatamericangrid.com/archives/1656.
16) Patrick Rodgers, "SF Icons: Lombard Street," San Francisco Travel Association, July 16, 2019, https://www.sftravel.com/article/sf-icons- lombard-street.

서 가장 가파른 주택가는 뉴질랜드 더니든에 있는 볼드윈 거리^{Baldwin Street}로 경사도가 35도나 된다. 볼드윈 거리는 지형 따위는 살펴볼 마음이 없거나 신경조차 쓰지 않았던 런던의 도시 계획자들이 격자형으로 디자인을 하다 보니 그렇게 만들어졌다.[17] 여러분이 살고 있는 곳이나 일하고 있는 곳을 둘러보면, 앞서 살펴본 사례들과 비슷한 특이하고 부적절한 도시 디자인들을 발견할 수 있을 것이다.

뉴욕시를 위한 1807년 도시 계획안에 맨해튼 남단의 가상 역사가 깊은 시역들은 빠져 있었다. 오래된 지역들은 보통 더 유기적인 디자인을 가지고 있다. 유서 깊은 지역 내 길이나 도로는 점진적으로 생겨났고, 획일적인 도시

17) Oliver Smith, "The World's Steepest Streets," The Telegraph, December 23, 2016, https://www.telegraph.co.uk/travel/destinations/oceania/new-zealand/articles/baldwin-street-steepest-roads-in-the-world.

계획의 일부가 아니었기 때문이다. 맨해튼 남부는 많은 사람들이 가장 좋아하는 구역이다. 여러 방향으로 나 있거나 각진 거리는 그리니치빌리지^{Greenwich Village} 같은 주택 지구에 매력을 더해 주는 요소라 할 수 있다. 유명한 도시 디자인 비평가 제인 제이콥스^{Jane Jacobs}는 뉴욕의 격자형 구조를 싫어했다. 그녀는 지역 사회 중심의 경험을 할 수 있게 해 주는 그리니치빌리지의 구획 배치를 선호했다. 맨해튼의 다른 구역보다 더 넓고 조용한 인도가 있는 그리니치빌리지에서는 외출했을 때 더 편하고 좋았다. 다른 구역들의 단조롭게 반복되는 구획 배치와 달리 더 작고 덜 획일적인 그리니치빌리지의 구획 배치는 각 구획마다 그곳만의 개성과 매력을 가질 수 있도록 한다. 제인 제이콥스는 그와 비슷한 이유로 쿠알라룸푸르의 뒷골목과 멜버른의 골목길도 좋아했을 것이다.

작품 활동을 하면서 가능한 한 수직적인 것을 피하려고 했던 독일 건축가 훈데르트바서^{Hundertwasser}는 이렇게 말했다. "직선은 강압적이고 독단적인 것이 됐다. (…) 직선은 아무 생각 없이 자를 대고 그린 비겁한 선이다. 그리고 그

선은 우리의 암울한 문명을 떠받치고 있는 썩은 토대다."[18] 필자는 그 어떤 기하학적 모양에도 그처럼 그렇게 강렬한 감정을 느끼지는 않는다. 그러나 우리가 자연 속에서 편안하게 산책할 수 있는 이유 중 하나가 바로 자연에 직선이 없기 때문이라는 이야기는 사실이다. 보통 아이들이 땅에 90도 각도로 그리는 나무들도 빛을 받기 위해 위로 자라나면서 항상 곡선을 이루며 구부러져 있다. 훈데르트바서는 직선을 몹시 싫어해 어쩔 수 없는 부분(창문, 벽, 바닥 등)을 제외하고는 그의 건축물에서 직선을 찾아볼 수 없었다. 오스트리아 비엔나에 있는 훈데르트바서하우스Hundertwasserhaus는 밖에서 그 외관만 둘러봐도 기분이 좋아지는 건물이다.

베니스의 거리와 운하가 진화한 방식에서도 비슷한 점들을 엿볼 수 있다. 직각은 사물을 효율적으로 만들어 주기는 하지만, 직각과 비슷한 효과를 낼

---

18) Hundertwasser, "Friedensreich Hundertwasser (1928-2000)," https://hundertwasser.com/jart/prj3/hundertwasser/main.jart.

수 있는 다른 방법들이 있다. 나뭇잎의 잎맥에서 관찰되는 프랙털(fractal, 한 부분이 전체의 형태를 닮아 자기 유사성을 갖는 기하학적 구조를 말한다_옮긴이)이나 강이 구불구불한 골짜기를 타고 유유하게 흐르는 방식과 같이 자연에서 찾아볼 수 있는 좋은 디자인들도 직각이 아닌 경우가 많다. 베니스에 있는 대운하는 곡선을 이루며 도시 전체를 관통한다. 건축가 폴 자크 그릴로Paul Jacques Grillo는 대운하를 이렇게 설명했다. "베니스의 거리와 운하는 우리 몸의 신경과 모세 혈관처럼 도시 전체 곳곳에 생명을 불어넣고, 1평방 마일의 밀집 지역은 대운하에서 천 피트가 넘지 않는 구역 내에 있으며 곤돌라를 타고 몇 분이면 다 갈 수 있다. (…) 아름다운 S자를 그리며 흐르는 대운하는 현대 공학 기술로 만드는 운하보다 세 배는 더 길어서 시시각각으로 변하는 경관을 가진 도시 곳곳에 근접해 있다."[19]

자연계는 우리 인간이 모방할 수 있는 아이디어로 가득하다. 진화와 자연 선택natural selection은 디자이너도 없이 수백만 년에 걸쳐 이뤄진 디자인 발전의 전형이라 할 수 있다. 생체 모방Biomimicry은 우리가 모방할 수 있는 아이디어들을 찾기 위해 자연을 연구하는 학문 분야지만, 생체 모방이라는 용어가 생기기 전에 이미 우리는 본능적으로 자연을 연구하고 모방해 왔다. 조지 드 메스트랄George de Mestral이 발명한 벨크로(단추나 지퍼 대신 쓰이는 탈부착 여밈 장치로 일명 '찍찍이'라고도 불린다_옮긴이)는 스위스 알프스에서 하이킹을 하는 동안 그의 반려견 털에 도꼬마리 씨앗이 잘 달라붙는 모습에 착안해 만든 것이었다. 보통 날개 달린 곤충들은 비행을 하면서 속도를 조절할 수 있는 변

---

19) Paul Jacques Grillo, Form, Function & Design (Dover, 1975).

속기와 같은 기능을 가지고 있고, 벤츠나 포드가 처음으로 자동차에 변속기를 설치하기 훨씬 전부터 그러한 기능을 갖추고 있었다. 물론 곤충과 새의 경우 라이트 형제가 태어나기 수백만 년 전부터 이미 날고 있었다(실제로 라이트 형제는 첫 시제품을 만들기 위해 수많은 날짐승을 연구했다).[20] 시속 300킬로미터 이상으로 달리는 도쿄의 유명한 신칸센 탄환 열차도 물총새를 연구해 얻은 공기 역학 아이디어를 바탕으로 디자인된 모양을 하고 있다.[21] 대부분의 현대 발명품은 우리 종보다 앞서 있는 개념에 의존하는 경우가 많다.

베아트리츠 콜로미나Beatriz Colomina와 마크 위글리Mark Wigley는 《우리는 인간인가? 디자인 고고학에 관한 기록Are We Human? Notes on an Archaeology of Design》에 이렇게 적고 있다. "평범한 하루 속에는 땅과 공간은 물론이고 우리 몸과 뇌에 깊이 자리 잡고 있는 수천 겹의 디자인이 담겨 있다. 지구 자체가 지층이라는 디자인으로 덮여 있고, 우리는 그 디자인을 밟고 서 있다. 그것이 우리를 떠받치고 있는 것이다. 각각의 디자인 층이 다른 층 위에, 또 그 지층이 다른 층 위에 겹겹이 쌓여 있다. 디자인을 생각하고 연구하기 위해서는 고고학적 접근이 필요하다. 깊이 파고들 수 있어야 한다."[22]

여러분이 다음번에 거리를 걷게 되면 잠시 멈춰 서 보길 바란다. 하루에도 몇 번씩 아무 생각 없이 늘 이용하는 거리가 어떻게 생겼는지 살펴보는 시간

20) Gwen Pearson, "How Flies Fly," Wired, January 22, 2015, https://www.wired.com/2015/01/flies-fly.
21) Tom McKeag, "How One Engineer's Birdwatching Made Japan's Bullet Train Better," Green Biz, October 9, 2012, https://www.greenbiz.com/ blog/2012/10/19/how-one-engineers-birdwatching-made-japans- bullet-train-better.
22) Beatriz Colomina and Mark Wigley, Are We Human? Notes on an Archeolog y of Design (Lars Müller, 2017).

을 가져 보자. 여러분은 다른 사람들의 선택이 여러분의 삶에 얼마나 지대한 영향을 미치고 있는지 아마 잘 모르고 있을 것이다.

- 여러분이 자주 가는 곳에 쉽게 걸어갈 수 있는가?
- 여러분이 사는 지역의 거리 디자인은 사람들이 운전하거나 걸어 다니기에 적합한가?
- 공원 같은 공유 공간이 근처에 마련돼 있는가? 아니면 전용 공간뿐인가?
- 외출하거나 귀가할 때 어떤 경로를 가장 선호하는가? 그 이유는? 어떤 경로를 싫어하는가?
- 여러분이 이웃들과 만나고 싶을 때 자연스럽게 만날 수 있는가? 아니면 가장 가까운 이웃들과 만나거나 대화를 나누는 것조차 어려운가?
- 집 앞 도로에서는 어떤 소리가 들리는가? 왜 그런 소리가 들리는가?
- 거리는 어떤 반복된 패턴을 가지고 있는가? 어떤 매력이나 특징을 가지고 있는가?
- 누가 이 모든 결정을 내렸는가? 그 결정을 내린 사람들의 목표는 무엇이었나?

07
스타일이
곧
메시지다

How Design Makes the World

**How
Design
Makes
the
World**

화창한 여름날 오후, 시애틀에 있는 한 번화가를 걷고 있다고 상상해 보자. 정말 바쁜 하루였고 배가 고프다. 시애틀에서는 태국 요리나 베트남 요리가 훌륭하다는 이야기를 들은 적이 있고, 점심 먹을 곳을 찾고 있다. 근처에서 식당 두 군데를 발견한다. 여러분은 둘 중 어느 쪽을 택해 들어갈 것인가? 첫 번째 식당은 아래와 같은 모습을 하고 있다.

그리고 두 번째 식당은 아래와 같은 모습이다.

여러분은 두 식당의 모습을 보는 즉시 여러 생각을 하게 될 것이다. 만약 디자이너처럼 식당 앞을 세부적으로 나눠 자세히 살펴본다면 여러 의문점이 들 것이다. 깨끗해 보이는 곳인가, 아니면 지저분해 보이는 곳인가? 생긴 지 얼마 안 돼 보이는 곳인가, 오래돼 보이는 곳인가? 비싸고 고급스러운 식사를 할 수 있는 화려한 곳인가, 아니면 장식은 화려하지 않지만 적절한 가격에 식사할 수 있는 깔끔하고 소박한 곳인가? 실험적인 요리사가 있다는 것을 보여줄 '오늘의 특별 요리'가 있는가, 아니면 언제든 믿고 먹을 수 있는 고정 세트 메뉴가 있는가? 식당 안으로 들어가기 전에 살펴본 외부 디자인은 그 식당 전체에 대한 여러분의 인상에 직접적으로 영향을 미친다.

디자이너가 '예쁘게 만드는' 일을 하는 사람이라고 경시하는 경우를 종종 볼 수 있는데, 이는 잘못된 생각이다. 그러한 생각에는 기능이 외관보다 항상 더 중요하고, 스타일은 최근에 들어서야 우리 역사에 등장한 사치스러운 양식이라는 인식이 깔려 있다. 그러나 사실은 그 반대임을 보여주는 증거가 있다. 호모 에렉투스가 초창기에 만든 일부 도끼를 보면 도구의 유용성을 넘어 외관상으로도 아주 훌륭하고 정교하게 만들었다는 것을 알 수 있다. 아마도 짝을 유혹하거나 상대에게 신뢰감을 주거나 사회적 지위를 과시하기 위한 목적으로 그 도끼를 만들었을 것이다[23](오늘날의 우리는 높은 사회적 신분을 상징하는 것들을 만들지 않고 구입하는 경우가 많다). 또 그들이 아주 많은 장식용 조개껍데기와 붉은색 색소를 사용했고, 적과 동지를 구별하는 데 사용했을 가능성이 있는 장식을 포함한 여러 스타일을 연출하기 위한 수제품을 20만 년 전에 이미 디자인했다는 사실도 밝혀졌다.[24]

스타일은 부차적인 것에 불과하다는 발상은 우리 뇌가 어떻게 작용하고 무엇이 우리로 하여금 결정을 내리게 하는지에 대한 사실마저 부정한다. 우리 뇌가 이미지를 인식하고 처리하는 데에는 20밀리초(1밀리초는 1000분의 1초로 20밀리초는 0.02초다_옮긴이)가 채 걸리지 않는다.[25] 우리 뇌는 우리가 의식적으로 처리할 수 있는 양보다 훨씬 더 많은 시각 정보를 받아들인다. 즉 우리의 행동은 보통 첫인상이나 감정과 같은 미묘한 것들에 영향을 받는다. 음식을 맛보는 단순한 행동조차 그 음식이 어떻게 보이는가에 따라 달라질 수 있다. 연구에 따르면, 사람들이 눈을 가린 상태에서 음식을 먹으면 레몬이나 딸기 같이 확실한 맛도 겨우 알아맞힌다고 한다.[26]

23) University of York, "Handaxes of 1.7 Million Years Ago: 'Trust Rather Than Lust' behind Fine Details," press release, November 21, 2012, available at https://www.sciencedaily.com/releases/2012/11/121121075756.htm.
24) Gemma Tarlach, "Prehistoric Use of Ochre Can Tell Us about the Evolution of Humans' Cognitive Development," Discover Magazine, April 2018, http://discovermagazine.com/2018/apr/pigment-of-our-imagination.
25) Sarah Griffiths, "Your Brain Really Is Faster Than You Think," Daily Mail, January 20, 2014, https://www.dailymail.co.uk/sciencetech/article-2542583/scientists-record-fastest-time-human-image-takes-just-13-milliseconds.html.
26) Charles Spence, "On the Psychological Impact of Food Colour," Flavour 4:21 (2015), https://doi.org/10.1186/s13411-015-0031-3.

이러한 사실은 유행하는 신발에서부터 도시의 도로 표지판, 조직의 웹 사이트에 이르기까지 디자인을 거쳐 세상에 나온 모든 것이 우리에게 메시지를 보내 우리의 기분, 관심도, 결정에 영향을 미친다는 것을 의미한다. 앱 스토어에서 어떤 앱을 구입할지 결정하는 것처럼 아주 사소한 상황에서도 영향을 받기는 마찬가지다. 앱 스토어는 아주 작은 120x120 픽셀 크기의 아이콘 디자인으로 어떤 앱이 큰 주목을 받아 성공할지, 또 어떤 앱이 관심 밖으로 밀려나 사라지게 될지 결정되는 곳이다.

외모에 신경을 쓰지 않고 후줄근하고 잘 맞지도 않는 유니섹스 티셔츠와 청바지만 매일 입는 사람이라고 해도(다른 옷을 살 여유가 있음에도 불구하고 줄곧 똑같은 옷만 입는 사람들이 있다), 자기가 원하는 스타일의 셔츠와 청바지를 골라 구입할 것이다. 즉 여러분이 그 옷을 입고 있는 것은 우연이 아닌 선택이다. 영화 《악마는 프라다를 입는다》의 유명한 장면에서도 설명하는 것처럼, 패션 디자이너들은 특정 수준의 품질과 판매 가격을 고려해 여러분이 좋아할 만한 옷들을 디자인해 만든다.[27] 또 여러분이 외모 같은 것은 정말 중요하지 않다고 느껴 아무 옷이나 골라 입는다면, 그 외모는 여러분이 만나는 모든 사람에게 '내가 어떻게 보이든 상관없다'는 메시지를 보낸다. 겉모습도 일종의 자기표현이 될 수 있다. (다음에 첫 데이트를 나가게 되면 꼭 명심하기 바란다.)

태국 음식점인 타이톰Thai Tom은 워싱턴 대학과 가까운 그 거리에서 수년간

---

27) 영화 《악마는 프라다를 입는다》의 '세룰리안블루 스웨터' 장면은 유튜브 https:// www.youtube.com/watch?v=vL-KQij0l8I에서 볼 수 있다.

영업을 해 왔다. 스무 명 정도가 들어갈 수 있는 작은 홀에는 사람들이 꽉 들어차 있는 경우가 많다. 또 주방이 개방형으로 돼 있어 가까이서 요리사들이 열심히 음식을 만드는 모습을 지켜보는 재미가 쏠쏠한 곳이다. 타이톰은 소박한 외관에 상관없이 음식이 빨리 나오고 평판이 좋으며 단골 고객들이 찾는 식당이다. 식당 입구에 타이톰을 자세히 설명하는 표지판 같은 게 없어서 이 모든 것을 한눈에 다 파악하기는 어려울 테지만, 어쨌든 잘 알려져 있는 사실이다. 타이톰은 현금만 받는 식당이고 마케팅이나 광고에는 거의 돈을 쓰지 않는 듯하다. 타이톰이 단골 고객들을 잘 대접하고 서비스가 좋다는 입소문이 나면서 새로운 고객들도 그 식당을 찾는다. 보통 식당 문을 열기도 전에 사람들이 줄을 길게 서는데, 이러한 광경은 기다려 먹을 만한 가치가 있는 음식을 파는 곳이라는 사회적 증거가 되기도 한다. 타이톰은 식당 외관이 새로운 고객들에게 보내는 메시지에 대해서는 걱정을 하지 않는 것처럼 보이는데, 그런 모습 자체가 일종의 메타 메시지(meta-message, 메시지를 통해 추론할 수 있는 숨겨진 메시지, 즉 메시지에 내포된 메시지를 말한다_옮긴이) 역할을 한다고 할 수 있다.

두 번째 식당 바바Ba Bar는 생긴 지 얼마 되지 않았고 고급 쇼핑몰 건물의 가장자리에 위치해 있다. 잠재 고객 대부분이 대학생인 대학가와 달리 바바는 비교적 부유한 고객층과 수업 시간에 쫓기지 않는 사람들을 대상으로 영업하고 있다. 바바는 타이톰과는 다른 유형의 디자인 문제를 해결하기 위해 애쓰고 있으며, 이 같은 차이는 두 식당이 서로 달라 보이는 이유를 잘 설명해준다. 타이톰이 외관을 바꿨다면 지금보다 더 매출을 올릴 수 있었을까? 딱 잘라 답하기는 어렵다. 단골 고객들은 타이톰의 달라진 모습을 보면서 자신들이 가장 좋아하고 익숙했던 장소가 더 이상 예전 같지 않을 것이라는 메시지로 받아들였을지도 모른다.

시각적 메시지는 문화에 큰 영향을 받는다. 그렇기 때문에 디자이너가 전달하고자 했던 메시지를 사람들이 간과하거나 다른 메시지와 혼동하기도 한다. 오늘날 서양인 대부분은 나치 독일 때문에 알게 된 만자(卍)를 악의 상징으로 생각한다. 나치는 다른 문화권에서 오래 전부터 사용해 온 만자의 의미를 바꿔 자신들을 상징하는 문양으로 사용했다. 만자는 만년 동안 힌두교, 불교, 그 외에 다른 여러 문화와 종교에서 행운, 부활, 영성 등을 상징하는 문양이었다. 제2차 세계 대전이 발발하기 전에는 코카콜라, 덴마크 맥주 칼스버그^Carlsberg, 보이 스카우트 배지 광고에도 만자를 사용했다.[28] 인도, 중국, 일본에서는 여전히 네잎클로버와 같이 행운을 의미하는 상징으로 자주 사용되는 것을 볼 수 있다.

타이톰은 뭔가 밝고 새로운 것을 기대하는 관광객에게는 단조로운 인상을 줄 수도 있다. 그러나 가격에 민감한 사람들에게는 '비싸고 고급스러운' 식당이라는 메시지가 오히려 부정적인 영향을 줄 수도 있다. 또 어떤 사람들은 새로운 경험을 좋아하기 때문에 외관이 화려하지 않고 소박한 식당이나 메뉴 대부분이 현지 언어로 적힌 장소에 훨씬 더 흥미를 느끼기도 한다. 작가 겸 요리사인 앤서니 보데인^Anthony Bourdain은 가족이 운영하는 단출한 식당에서 식사하는 것을 선호했던 것으로 유명하다. 보통 더 맛있는 음식을 먹을 수 있

---

28) Mukti Jain Campion, "How the World Loved the Swastika-until Hit-ler Stole It," BBC News, October 23, 2014, https://www.bbc.com/news/ magazine-29644591.

고, 더 흥미로운 경험을 할 수 있었기 때문이다. 그런데 그런 맛집들은 임대료가 저렴하고 주요 고객층의 거주 지역과 가까운 곳에서 주로 영업을 하고 있어 사람들이 찾아가기에는 좀 불편한 경우가 많다.

식당이나 격자형 도시와 같이 규모가 큰 것들만 서로 다른 스타일로 메시지를 전달하는 게 아니다. 다양한 스타일로 메시지를 전달하는 이러한 속성은 우리가 내리는 아주 작은 결정에 적용되기도 한다. 예를 들어, 그레이트데인과 로트와일러가 교배해 낳은 사랑하는 반려견 니블스가 신장 이식을 받은 후 결국 세상을 떠났다는 소식을 친구에게 알리기 위한 편지를 써야 한다면, 여러분은 레메디 OTRemedy OT처럼 귀엽고 재미있는 글꼴을 사용하겠는가?

Sorry my friend, but Nibbles didn't survive.

아니면, 가라몬드Garamond와 같이 좀 더 차분하고 전통적인 글꼴을 사용해 아래와 같이 적겠는가?

Sorry my friend, but Nibbles didn't survive.

그런데 만약 여러분이 전할 메시지가 슬픈 소식이 아닌 기쁘고 신나는 소식이라면 어떤 글꼴을 사용하는 게 더 좋을까? 글꼴의 스타일이 전달하는 메시지가 편지 내용과 잘 어울리거나 상반될 수 있기 때문에 같은 선택을 해도 다른 느낌을 줄 수 있다.

재미있는 글꼴 레메디 OT로 기쁜 소식을 다시 적어 보자.

NIBBLES LIVES! Let's have a party tonight!

그러나 스타일과 관련해 흔히 있는 일이지만, 세심한 주의를 기울인 스타일의 조합은 여러분이 전하고자 하는 암시적 메시지와 명시적 메시지가 잘 어우러지도록 해 준다.

Nibbles lives! Let's have a party tonight!

글꼴 역시 모든 것을 다 완성한 뒤에 마지막으로 디자인을 '예쁘게 만들기'위한 선택 사항이라고 생각하기가 쉽다. 그러나 다양한 종류의 디자인에서 글꼴은 스타일을 결정하는 선택 사항이자 여러분이 사람들에게 전달하고자 하는 메시지의 일부이므로 맨 마지막이 아닌 초반에 잘 결정해야 하는 디자인 요소 중 하나다. 보통 프로젝트 초반에 가장 자유로운 결정을 내릴 수 있고, 프로젝트 말미에는 자유롭게 결정하는 데 아무래도 제약이 있기 마련이다. 스타일과 그 스타일을 통해 전달할 메시지가 무엇보다 중요할 때에는, 그와 관련된 선택 사항들을 처음부터 신중하게 생각하고 결정해야 한다.

위 사진 속 자동차는 역사상 가장 유명한 스포츠카 중 하나인 1972년형

포르쉐 911 모델이다. 차체의 굴곡과 선, 그리고 뒤쪽에 붙어 있는 스포일러를 한번 살펴보자. 이 모델의 디자인 선택은 포르쉐의 속도감과 최고 수준의 스타일을 느낄 수 있게 해 준다. 그러나 이런 스포츠카를 제작하기 위해서는 차체와 관련된 디자인 선택을 제작 초기에 먼저 결정하는 게 필수였다. 이미 엔진 크기가 결정되고 차대나 하체가 만들어진 상황에서 차제 디자인과 관련된 선택을 뒤늦게 내렸다면, 911 모델과 같이 매력적인 디자인은 나올 수 없었을 것이다.

요점을 더 명확히 하기 위해 자동차를 디자인한 팀이 연비가 높은 통근용 자동차를 만들기 위한 문제를 해결하기 위해 애쓰고 있다고 상상해 보자. 그들은 연비 높은 작고 효율적인 엔진과 상자 모양으로 간단하게 조립할 수 있는 치대를 선택했을 것이다. 자동차 외부 디자인을 담당하는 외형 디자이너가 제작 과정에 합류했을 때에는 이미 너무 늦어 스포츠카를 만들기 위한 기발한 아이디어를 실행하기는 불가능할 것이다. 결국 멋진 스포츠카가 아닌 아래의 사진 속 자동차와 비슷한 자동차가 만들어질지도 모른다.

스타일을 중시한다면, 스타일을 뒤늦게 고민하고 결정해서는 안 된다. 또 가장 이상적인 스타일의 디자인은 모두가 함께 협력하는 과정에서 나온다. 엔진, 차대, 외형과 관련된 문제를 해결하기 위해 애쓰는 엔지니어와 디자이너들은 자신들이 같은 목표를 가진 한 팀으로 일하고 있음을 느낄 수 있어야 한다. 그래야만 그 차를 타는 고객들도 확실한 비전을 가진 다재다능한 한 사람이 완벽하게 디자인한 자동차를 타는 것만 같은 경험을 누릴 수 있다. 신차를 개발하기 위한 전략을 세울 때, 디자이너들은 의사 결정을 내리는 경영진은 물론 엔지니어링 리더들과 함께 한자리에서 논의할 수 있어야 한다. 보통 디자이너들이 제작 방식을 논의하는 데 더 일찍 합류하고 팀원들과 더 적극적으로 협업해 일할수록 더 좋은 디자인을 얻게 된다.

스타일이 그 목적에 맞는 일관된 방식으로 사용되면 단순히 메시지를 전하는 것 이상의 엄청난 효과를 낼 수 있다. 다음에 보이는 이미지를 한번 살펴보자.

1700년대 초반에 해적들은 다른 범선들을 위협하기 위해 해골과 대퇴골 두 개를 교차시킨 그림이 그려진 해적기인 졸리 로저Jolly Roger를 사용했다. 처음에 해적들은 모두 검은 테마로 만들어진 다양한 종류의 깃발을 사용했지만, 결국 가장 효과가 좋은 졸리 로저가 해적을 상징하는 해적기가 됐다. 펄럭이는 졸리 로저는 앞으로 일어날 일을 예고하며 희생자들을 공포에 떨게 했다. 해적들은 보통 (비윤리적인) 사업가 기질을 갖고 있었기 때문에 희생자들이 그들의 명령에 순응하면 할수록 일이 별 탈 없이 마무리됐다. 런던 도크랜드 박물관Museum of London Docklands의 해양 역사 담당 큐레이터 톰 웨어햄Tom

Wareham은 "해적들은 다가오는 선박에 타고 있는 선원들이 졸리 로저를 보고 공포에 떨면, 그 선박에 올라타 가능한 한 문제를 일으키지 않고 자신들이 원하는 것을 빼앗아 도망칠 수 있었다."고 설명했다.[29)]

디자인 평론가 앨리스 로손Alice Rawsthorn이 《뉴욕타임스》 기사에서 설명한 깃처럼, 오늘날 우리가 메시지를 효과적으로 전달해 이미지를 만들어 나가는 과정을 '브랜딩'이라고 부른다. 브랜딩이라는 용어 대신 '아이덴티티 디자인identity design'이라는 용어가 통용되기도 하며, 아이덴티티 디자인이란 조직에 대한 메시지를 효과적으로 전달하기 위해 그 조직이 목표로 하는 이미지를 명확하게 구축하는 것을 의미한다. '브랜드'라는 용어는 뜨거운 인두로 자기 소유의 가축에 낙인을 찍는다는 말에서 유래했다. 그러나 결국 이 용어는 오랜 전통을 가진 부족의 색과 국기에 사용되기에 이르렀다. 서양에서 해적들이 졸리 로저를 달고 다니기 훨씬 전에는 전 세계 문화가 비슷한 기술을 사용하거나 비슷한 목표를 가지고 있었다. 이제 브랜딩은 조직과 기업이 브랜

29) 이 인용구와 다음 문단에 나오는 인용구는 앨리스 로손(Alice Rawsthorn)이 2011년 5월 1일 《뉴욕타임스》에 기고한 글 〈브랜드 도구로서의 해골과 교차시킨 뼈(Skull and Crossbones as Branding Tool)〉에서 발췌했다. https://www.nytimes.com/2011/05/02/arts/02iht-design02.ht

드를 관리하기 위해 도입하는 전략적 도구가 됐다. 해적기가 몇 마일이나 떨어져 있는 배를 타고 있는 선원들에게 영향을 준다면, 친숙한 깃발이나 로고는 소비자에게 어떤 영향을 미칠까? 나이키의 부메랑 로고나 맥도날드를 상징하는 황금 아치는 그것을 보는 사람 대부분에게 의식적으로나 무의식적으로 큰 영향을 미친다.

문제는 멋진 로고를 갖는 것만으로는 충분하지 않다는 것이다. 해적들은 로고를 만듦으로써 해적 활동을 시작하지 않았다. 그들은 해상에서 금품을 약탈하고 사람들을 죽이면서 활동을 시작했고, 결국 전 세계가 다 알 만한 명성을 쌓았다. (말하자면, 그들은 자신들이 저지른 악행으로 유명해졌다.) 그런 일련의 과정을 거치고 나야만 그 명성이 로고나 브랜드와 한 쌍을 이뤄 효과를 낼 수 있었다. 질 좋은 디자인을 한 번에 뚝딱 만들어 낼 수 있는 속임수나 방법이 존재한다면 좋겠지만, 그런 일은 결코 일어나지 않는다. 대부분의 패스트푸드 기업 로고와 마찬가지로 맥도날드 로고 역시 그들이 판매하는 제품의 일관성 덕분에 그 힘을 발휘한다. 전문가들이 패스트푸드는 건강하지 않다고 백날 말해도 맥도날드 로고의 힘은 굳건하다. 그게 어디든 맥도날드 로고를 볼 때마다 우리는 그곳에서 음식을 먹을 경우 정확히 어떤 경험을 하게 될지 알고 있다. 그게 바로 브랜드, 제품, 기대를 하나로 쭉 연결해 낼 수 있는 로고의 힘이다.

08
디자인은
기능에
관한 것이다

How Design Makes the World

How
Design
Makes
the
World

　현재 시각이 오후 2시 6분이고, 시간 엄수를 매우 중요하게 생각하는 상사와 만나기로 한 오후 2시 회의에 늦은 상황이라고 상상해 보자. 당신은 높이 828미터에 163층으로 세계에서 가장 높은 건물 중 하나인 두바이의 부르즈 할리파Burj Khalifa에서 근무한다. 부르즈 할리파는 튜브 모양의 구조 설계 덕분에 높이 381미터의 엠파이어 스테이트 빌딩에 사용된 강철 양의 절반만 사용해 지어졌다. 당신은 지구상에서 가장 높은 곳까지 운행하는 엘리베이터 중 하나를 기다리기 위해 긴 복도를 달리면서 높은 건물을 원망한다. 운이 좋아 엘리베이터 앞에 서자마자 문이 바로 열려 텅 비어 있는 엘리베이터 안으로 뛰어든다. 상사가 기다리고 있는 152층 버튼을 누르고 기다린다. 그런데 엘리베이터 문이 곧바로 닫히지 않는다. '닫힘' 버튼을 찾아 누른 뒤, 한 번 더 누른다. 마지막으로 한 번 더 누른다. 다행히 문이 닫히고 엘리베이터가 움직인다.

놀랍게도 당신이 누른 닫힘 버튼은 버튼에 불이 들어오게 하는 것 외에
는 아무 기능도 하지 않았을 가능성이 높다. 이런 버튼을 플라시보 버튼placebo
button이라고 한다. 세상에는 사무실 온도 조절 장치와 보행자가 횡단보도를
건너고 싶다는 것을 '알리기' 위한 버튼이 설치된 신호등을 포함해 다양한
종류의 플라시보 버튼이 존재한다.[30] 2004년에는 뉴욕시 전역에 있는 버튼
3,500개 중 20퍼센트만이 실제로 작동하는 것으로 추정하기도 했다. 그 이
유는 간단하다. 대부분 사람이 그 차이를 알아차리지 못하기 때문에 굳이 비
용을 들여 그것들을 연결하고 유지하고 관리하지 않는 것이다. 미국의 경우,
1990년 미국 장애인법Americans with Disabilities Act이 제정되면서 목발을 짚거나 휠체
어를 탄 사람들이 엘리베이터에 안전하게 탈 수 있도록 충분한 시간 동안 문
이 열려 있어야 한다.

여러분이 버튼을 포함한 세상의 모든 것이 어떤 기능을 할지, 혹은 어떻게
작동할지를 예상하고 판단하는 것을 심성 모형mental model이라고 부른다. 사물
이 어떻게 작동하는가에 대한 우리의 심성 모형은 피상적인 경우가 많고, 심
지어 잘못된 심성 모형을 가지고 있는 경우도 있다. 예컨대, 많은 사람이 진

---

30) Christopher Mele, "Pushing That Crosswalk Button May Make You Feel Better, But . . .," New
York Times, October 27, 2016, https://www.nytimes. com/2016/10/28/us/placebo-buttons-
elevators-crosswalks.html.

화란 열등한 생물이 우월한 생물로 발전하는 것을 의미한다고 생각한다. 보다 더 정확한 심성 모형을 가지고 있는 사람이라면, 지능이 더 낮고 행동이 더 굼뜨고 '열등하다' 해도 주어진 환경에 더 잘 적응하는 생물들이 결국 살아남는 경향이 있다는 생각을 할 것이다. 예를 들어, 세상이 더 따뜻해지면 불가사리나 문어 같은 생물들은 번성하는 반면, 어떤 생물들은 생존하기가 더 어려워질 수 있다(우리 인간이 그 중 하나다).

'심성 모형'이라는 용어는 우리 뇌가 어떻게 세상을 인지하고 세상에 대해 사고하며 세상과 상호작용하는지를 연구하는 학문인 인지 심리학에서 나왔다. 어떤 디자이너들은 더 나은 디자인 결정을 내리기 위해 이러한 인지 심리학과 관련된 지식을 활용하는 법을 배우기도 한다. 엘리베이터와 무언가를 기다리는 행위와 관련해서는, 대부분의 사람은 대부분의 경우에 엘리베이터를 포함한 사물을 스스로 통제할 수 있다고 믿고 싶어 한다는 사실이 여러 심리학 연구 사례에 상세히 기록돼 있다. (이러한 믿음의 정도를 '통제 소재locus of control'라 한다.) 연구에 따르면, 우리가 어떤 일을 책임지고 있거나 플라시보 버튼을 누르는 일처럼 어떤 행동을 적극적으로 취하고 있다는 생각이 들 때에는 시간이 더 빨리 가는 것처럼 느껴진다고 한다.[31] 보통 훌륭한 디자이너들은 사람들이 가지고 있는 제한된 심성 모형뿐만 아니라 보다 더 정확한 심성 모형을 연구하면서 그 간격을 좁힐 수 있는 방법을 찾아낸다.

디자인을 향상시키기 위해 심성 모형을 사용한 경우를 대표적으로 보여

---

31) Kendra Cherry, "Locus of Control and Your Life," Very Well Mind, September 13, 2019, https://www.verywellmind.com/what-is-locus-of- control-2795434; see also Yasemin Saplakoglu, "Why Does Time Fly When You're Having Fun?" Live Science, March 2, 2019, https://www.livescience.com/64901-time-fly-having-fun.html.

주는 사례는 아마도 휴스턴에 있는 한 공항의 수하물 시스템과 관련해 항간에 떠도는 이야기가 아닌가 싶다. 수하물을 찾기 위해 오래 기다려야 하는 상황에 대한 불만이 계속 제기되자 공항은 수하물을 관리하는 직원들을 더 고용했고, 그 후 상황이 좀 나아지기는 했지만 공항 이용객들의 불만은 여전했다.

결국 공항 측은 특단의 조치를 취하기로 결정했다. 그들은 수하물을 입국장에서 가장 멀리 떨어져 있는 수하물 컨베이어 벨트로 보내 입국자들이 여섯 배는 더 긴 거리를 걷도록 했다. 얼핏 들으면 잘못된 결정처럼 들리지만, 그러한 조치를 취함으로써 승객들은 수하물 찾는 곳에 도착하자마자 자신들의 가방을 찾을 수 있었다. 게다가 승객들의 불만도 사라졌다. 댄 애리얼리^{Dan} Ariely는 그의 저서 《상식 밖의 경제학^{Predictably Irrational}》에서 인간이 얼마나 비합리적인 결정을 자주 내리는지를 설명하면서 과학이 우리 의견과 선택에 영향을 미치는 실제 요인을 설명해 준다고 이야기한다.

비합리적인 결정을 내리고 디자인을 하는 것이 직관에 반하는 일처럼 보일 수 있지만, 사람들은 우리가 생각하는 것만큼 그렇게 합리적이지 않다. 기다림의 심리학에 관한 세계 최고 전문가이자 MIT 연구원인 리처드 라슨 Richard Larson은 이렇게 말했다. "기다림의 심리학이 기다림 그 자체에 대한 통계학보다 중요할 때가 많다."[32] 상사를 만나기 위해 달려간 엘리베이터 앞에는 바닥부터 천장까지 이어지는 전신 거울이 설치돼 있을 가능성이 높다.

---

32) Alex Stone, "Why Waiting in Line Is Torture"에서 재인용, New York Times, August 19, 2012, https://www.nytimes.com/2012/08/19/opinion/sunday/ why-waiting-in-line-is-torture.html.

그 거울은 여러분이 엘리베이터를 기다리는 동안 무언가 할 거리를 주고 기다림이 더 짧게 느껴지도록 해 준다. 디즈니의 놀이공원은 시간 지각과 관련해 아주 디자인이 잘 된 곳이다. 그곳에서는 입장객들이 기다리면서 느낄 수 있는 스트레스를 줄여 주기 위해 예상 대기 시간을 보여 준다(엘리베이터를 이용할 때에도 이런 배려가 필요하다). 통상 대기 시간을 더 부풀려 알려 주기 때문에 예상보다 더 빨리 놀이 기구를 탈 수 있는 입장객들은 만족감을 느끼게 된다.[33]

앞서 언급한 심리학에 대한 지식은 물론이고 우리 몸이 어떻게 기능하는지를 연구하는 생물학이 우리에게 불리한 방식으로 사용되기도 한다. 마케팅과 광고 관련 종사자들은 이 같은 다양한 지식을 교묘하게 사용하곤 한다. 패스트푸드를 그 예로 들어 보자. 우리는 밀크셰이크와 치즈버거가 맛있기는 하지만 매일 먹으면 건강을 유지하며 오래 사는 데 도움이 되지 않을 것이라는 사실을 알고 있다. 하지만 우리 뇌는 달고 짜고 기름진 음식을 갈망하기 때문에 우리는 패스트푸드의 유혹에 넘어가고 만다. 인류가 진화해 온 역사를 살펴보면, 먹을 것이 거의 없던 먼 과거에는 이러한 달고 짜고 기름진 맛은 칼로리의 주요 원천을 의미했다.[34] 우리 인류는 이러한 맛에 대한 갈망과 며칠 동안 먹을 것을 찾지 못할 경우를 대비해 칼로리를 지방으로 축적할 수 있는 능력 덕분에 지난 수백만 년을 살아올 수 있었다(한때는 인류 모두가 간헐적 단식을 했다). 오늘날의 광고 디자이너들은 우리가 건강에 해로운 음식

33) Ana Swanson, "What You Hate about Waiting Isn't the Wait at All," Washington Post, November 27, 2015, https://www.washingtonpost.com/ news/wonk/wp/2015/11/27/what-you-hate-about-waiting-in-line-isnt- the-wait-at-all.
34) Ferris Jabr, "How Sugar and Fat Trick the Brain into Wanting More Food," Scientific American, January 1, 2016, https://www.scientificamerican. com/article/how-sugar-and-fat-trick-the-brain-into-wanting-more- food.

을 먹게끔 유도하기 위해 맛에 대한 우리의 갈망을 이용한다.

바로 여기에 함정이 있다. 우리가 또 다른 치즈버거, 도넛, 도넛으로 만든 도넛 치즈버거를 사기로 한 순간, 우리는 치즈버거의 디자인을 살펴보면서 가장 피상적인 요소만을 평가하게 된다. 이러한 요소를 선호하는 심성 모형이 지배적인 데에는 다 이유가 있다. 고대 인류의 유전적 특성에 영향을 받기 때문이다. 게다가 광고는 우리의 심성 모형을 이용하도록 디자인돼 있다. 갓 튀겨져 나온 바삭하고 노릇노릇한 감자튀김이 반짝이는 소금 세례를 받으며 공중 부양하는 모습이 슬로 모션으로 나오거나, 활활 타오르는 숯불에 구운 그릴 자국이 선명한 패티가 든 버거가 등장하는 광고를 볼 수 있을 것이다. 이러한 광고의 유혹으로 우리는 음식의 주된 목적이 우리를 즐겁게 해 주는 것이 아니라 우리가 건강하게 살아갈 수 있도록 해 주는 것이라는 사실을 쉽게 잊어버리거나 간과하게 된다.

비단 광고뿐 아니라 음식도 디자인되기는 마찬가지다. 150년 전만 해도 우리가 먹는 것 대부분이 별다른 가공 과정을 거치지 않은 천연 원료로 만들어졌지만, 오늘날 서양 음식은 자연스럽게 재배한 원료를 사용하기보다는 유전자 조작을 하거나 가공된 원료로 만들어지는 경우가 많다.[35] 식품 공학이라는 전문 기술을 통해 자연식품에 본래 담겨 있던 좋은 영양분이 파괴된 식품을 생산하고, 짜고 달고 기름진 맛을 저렴한 가격에 만들어 내고 있다. 식품 공학자들은 자연식품보다 더 자극적인 맛을 가능한 한 가장 저렴한 방법

---

35) Federation of American Societies for Experimental Biology, "Highly Processed Foods Dominate U.S. Grocery Purchases," press release, March 29, 2015, available at https://www.sciencedaily.com/releases/2015/03/150329141017.htm.

으로 만들고 있다.[36] 수천 년 동안 같은 소화기 계통을 사용해 온 우리 몸은 무언가 잘못됐다는 것을 느끼고 있다. 그러나 가격이 저렴하고 강렬한 단맛, 짠맛, 기름진 맛으로 우리의 식욕을 자극하는 음식을 거부하기란 쉽지 않다 (또 건강한 음식을 찾기가 하늘의 별 따기처럼 어려운 지역들도 있다). 결국 우리 몸은 영양 부족 상태가 되고, 영양에 대한 올바른 심성 모형에 무관심해지면서 우리는 똑같은 실수를 반복하게 된다.

우리가 무언가를 볼 때 그것이 치즈버거든, 가게의 앞모습이든, 아니면 웹사이트든 우리는 가장 피상적인 요소들을 먼저 생각하게 돼 있다. 우리는 우리가 바라보는 대상의 스타일을 보고 메시지를 읽는다. 그것이 어떻게 생겼고, 또 그것을 보면서 어떤 느낌이 드는지 살펴본다. 우리는 몸에 잘 맞지 않는 디자인이 마음에 든다는 이유로 신발과 옷을 구입하기도 한다. 무언가를 얻기 위해서는 대가를 치러야 한다는 사실을 잘 알고 있다면 문제될 건 없다. "멋져 보일 수만 있다면 하루저녁 정도는 좀 불편해도 상관없어."라고 말하거나 "내 생일 기념으로 훌륭한 와인 한 병에 버거용 빵으로 만든 구운 치즈 샌드위치와 2단 비엘티(BLT, 베이컨bacon, 상추lettuce, 토마토tomato를 넣은 샌드위치를 말하는 약어다_옮긴이) 버거를 마음껏 먹을 거야."라고 말해도 괜찮다. 우리는 인생을 즐기기 위해 태어났고, 인생은 즐길 수 있을 때 즐겨야 한다. 다만 위험한 것은 '디자인'이라는 용어가 겉으로 드러나는 모습만을 피상적으로 묘사하는 경우가 많아서 정작 가장 중요한 것은 볼 수 없게 만든다는 데 있다. 소비문화는 이상적인 삶이 진정한 즐거움을 느끼며 조화를 이루는 삶이라기보다는 강렬하지만 가벼운 쾌락이 연속되는 삶이라고 믿게 만든

36) Stephanie Soechtig, director, Fed Up, 2014 film, http://fedupmovie.com.

다. 애플의 창업자인 스티브 잡스가 한 말을 한번 생각해 보자.

사람들은 디자인은 겉치레에 불과하다고 생각합니다. 디자이너들에게 이 상자를 건네면서, "보기 좋게 만들어 봐!"라고 말하죠. 우리가 생각하는 디자인은 그런 게 아니에요. 디자인은 단순히 그 외형이나 느낌에 관한 것이 아닙니다. 디자인은 어떻게 기능하는가에 관한 것이죠.[37]

어떤 무언가가 기능하는 방식에 대해 생각한다는 것은 그것이 무엇을 위한 것인지, 그것이 어떤 사람의 삶에서 어떤 역할을 하게 될 것인지, 또 그것이 세상 전체에 어떤 영향을 미칠지에 대해 생각하고 헤아려 보는 것을 의미한다. 농업과 식품 산업이 배출하는 온실가스는 전체 온실가스 배출량의 24퍼센트에 달한다.[38] 여러분이 먹는 음식은 여러분의 몸뿐만 아니라 우리 모두가 의지하는 삶의 방식에도 영향을 미친다. 광고는 우리가 순간의 감정에 집중하게끔 만든다. 마치 우리가 그 제품을 구입하면 당장 기분이 좋아지고 주목받게 될 것처럼 말한다. 광고는 우리 스스로 심오한 질문을 던질 수 없도록 우리의 관심을 딴 데로 돌려놓는다. 예컨대, 광고에 등장하는 제품과 비슷한 것을 마지막으로 구입한 게 언제인지, 그 제품을 구입하고 한 시간 뒤나 일주일 뒤에 어떤 후회를 했었는지 생각해 볼 시간이나 기회를 우리에게 주지 않는다.

이는 어째서 우리가 구입한 많은 것들을 거의 사용하지 않은 상태로 수납

---

37) Rob Walker, "The Guts of a New Machine"에서 재인용, New York Times, November 30, 2003, https://www.nytimes.com/2003/11/30/magazine/the-guts-of-a-new-machine.html.

38) Environmental Protection Agency, "Global Greenhouse Gas Emissions Data," https://www.epa.gov/ghgemissions/global-greenhouse-gas- emissions-data.

함에 방치하고 쓰레기 매립지나 컴퓨터 바탕 화면의 휴지통에 버려지는지 설명해 준다. 우리는 물건을 구매하면서 순간적으로 느끼는 그 희열을, 그 물건이 앞으로 오랫동안 우리 삶에 긍정적인 영향을 미칠 것이라는 신호인 양 착각한다.

디자인의 진정성과 그 디자인이 어떻게 기능하고 기능하지 못하는지를 생각해 볼 수 있는 방법은 여러 가지가 있다.

- **당장 삶의 질을 향상시킨다.**
- **몇 년간 삶의 질을 향상시킨다.**
- **쉽게 배울 수 있거나 배울만한 가치가 있다.**
- **안정적으로 작동하고 지속적인 가치를 지닌다.**
- **수리하고 업그레이드하기가 쉽다.**
- **사람과 환경에 해가 되지 않고 안전하다.**

위에 열거된 디자인 속성들을 살펴보면, 물건을 어떻게 판매할지에 초점이 맞춰진 항목은 거의 없다는 것을 알 수 있다. 또 좋다는 것이 무엇을 의미하는지 생각해 보기 위한 보다 진지한 태도가 담겨 있다. 아이러니하게도 애플 제품의 경우, 수리하기가 어렵고 제품에 환경을 위협하는 재료를 사용하는 것으로 악명이 높다. 스티브 잡스는 제품이 제대로 기능한다는 것의 의미를 두고 애플에 유리한, 다소 제한적인 관점을 갖고 있었다.

엘리베이터의 '닫힘' 버튼 같은 플라시보 버튼과 패스트푸드점에서 만드는 치즈버거는 애초에 다른 의도로 디자인됐다. 플라시보 버튼은 엄밀히 말해 기술적으로 작동하지 않는 게 사실이지만, 그 버튼의 디자인이 사람들에게 미친 영향은 긍정적이라 할 수 있다. 플라시보 버튼을 만든 디자이너 역시 사람들이 생각하고 느끼는 방식에 영향을 줄 수 있는 인지 심리학을 이용하기는 하지만, 이는 순전히 공익을 목적으로 한 디자인 결정이다. 수천 명에 달하는 사람이 엘리베이터나 도시의 횡단보도를 함께 사용하기 때문에 개개인이 언제든지 버튼을 눌러 즉각적인 서비스를 받을 수 있게 된다면 그 시스템은 마비가 되고 말 것이다. 선택할 수 있는 옵션은 시간이 빨리 지나가고 있는 것처럼 느끼게 해 주거나 아무 조치도 취하지 않거나, 둘 중 하나다. 물론, 더 나은 기능을 가진 디자인(예상 대기 시간을 보여 주는 디스플레이)이 플라시보 효과를 가진 디자인(눌렀을 때 불만 들어오는 버튼)보다 더 좋겠지만, 효과가 좋은 플라시보 디자인이라면 없는 것보다는 있는 게 낫다.

반면에 패스트푸드와 아주 정교하게 만들어진 패스트푸드 광고는 사람들이 무언가를 사고 먹게끔 그들의 본능을 자극해 장기적으로 볼 때 사람들의 삶의 질에 해로운 영향을 줄 것이다. 우리는 쾌락주의적 기쁨의 원천을 얻기 위해 저녁 식사로 더블 치즈버거와 우유를 넣지 않은 밀크프리 '쉐이크'를 먹는 게 꽤 효과가 있다고 말할지도 모르지만, 만약 오랫동안 건강하게 살 생각이 있다면, 패스트푸드 기업들이 원하는 만큼 그런 가공식품을 자주 소비해서는 결코 진정한 기쁨을 얻지 못할 것이다.

09

누군가
지불해야
한다

How Design Makes the World

**How
Design
Makes
the
World**

1952년 기계 공학자이자 항공기 디자이너인 닐스 이바 볼린Nils Ivar Bohlin은 조종사의 비상 탈출용 사출 좌석ejector seat을 만들기 위한 작업에 매진하고 있었다. 조종사에게 충격을 주지 않으면서 12G 중력 가속도를 무사히 견디고 위기에 즉각적으로 대응할 수 있는 사출 좌석이 필요했다. 볼린은 당시 자동차보다 항공기로 더 잘 알려져 있던 스웨덴 기업 사브Saab에서 일했다(사브는 회전하는 비행기 프로펠러를 나타내는 로고를 가진 BMW와 비슷한 역사를 지녔다). 1958년 볼보는 그를 고용해 비행기 조종사가 아닌 자사 자동차를 운전하는 일반인들의 안전을 위해 일하도록 했다.

당시 자동차에 대한 안전 기준은 거의 전무했다. 자동차 핸들이 금속으로 제작되는가 하면, 1954년에 생산된 한 캐딜락 모델의 핸들 중앙에는 총알 모양의 경적이 박혀 있기도 했다(미국 가수이자 배우인 새미 데이비스 2세Sammy

Davis Jr.가 실제로 이 핸들에 눈을 부딪쳐 실명했다). 안전벨트 설치도 필수 사항이 아니었고, 그나마 존재하는 안전벨트는 운전자의 무릎만 가로지르는 벨트로 운전자의 머리와 상체까지 보호하는 데에는 한계가 있었다.

볼린은 다른 발명가들의 발명품들을 연구하고 다양한 시제품을 만들어 시험하면서 새로운 디자인 작업을 하는 데 1년이라는 시간을 투자했다. 그는 자신이 생각하는 기준을 충족하지 못한다는 이유로 많은 아이디어들을 불합격 처리했다. 간단히 말해서 그 기준은 바로 인간의 본성과 관련된 것이었다. 볼린은 한때 자신의 디자인을 이렇게 설명했다. "제가 함께 일했던 비행기 조종사들은 사고 시 자신들을 보호하기 위해 무엇이든 걸칠 용의가 있었지만, 차에 탄 일반인들은 단 1분도 불편한 걸 못 참습니다."[39]

---

39) Sean O'Grady, "The Man Who Saved a Million Lives: Nils Bohlin," The Independent, August 19, 2009, https://www.independent.co.uk/life-style/ motoring/features/the-man-who-saved-a-million-lives-nils-bohlin- inventor-of-the-seatbelt-1773844.html.

결국 그는 업계 표준의 3점식 안전벨트가 될 안전벨트를 개발하기에 이르렀다. 3점식 안전벨트는 어깨를 가로지르는 끈과 무릎을 가로지르는 끈을 간단한 단일 잠금장치에 결합시키는 형태였다. 볼린이 연구했던 다른 3점식 디자인들은 좌석 앞쪽 중앙에 잠금장치가 달려 있었으나, 기존의 형태를 명쾌하게 개선해 잠금장치가 허리께에 위치하도록 했다. 그의 목표는 '간단하고 효과적이며 한 손으로도 편리하게 착용할 수 있는 것'을 디자인하는 것이었다.

문제는 자동차 회사들이 3점식 안전벨트를 설치하는 데 돈을 들이려 하지 않고, 소비자들도 수요의 목소리를 내지 않는다는 점이었다. 자동차는 새로운 것이었고, 사람들은 그 새로운 발명품에 열광했다. 그것이 자동차든 인터넷이는 자율 수행차든 그것이 무엇이든 신기술에 대한 낙관론이 팽배해 있지만, 사람들은 새로운 발명이 야기할 수 있는 문제에는 별 관심이 없다. 정부와 시민에게 신기술과 관련된 문제를 이해시키고 그 문제를 해결하기 위한 법을 제정하는 데 몇 해가 걸리기도 한다(담배가 우리 몸에 해롭다는 것을 인식하는 데에만 30년이 넘게 걸렸다).[40] 우리는 소셜 미디어, 오보, 모바일 기기, 운전 중 주의 분산 행동 등이 야기하는 문제들을 이해하는 데 얼마나 오랜 시간이 걸리는지를 여전히 확인하면서 오늘날까지도 비슷한 현실을 계속 마주하고 있다.

1959년 볼보는 자사 자동차에 3점식 안전벨트를 기본 사양으로 장착했

---

40) Elizabeth Mendes, "The Study That Helped Spur the U.S. Stop-Smoking Movement," American Cancer Society, January 9, 2014, https://www .cancer.org/latest-news/the-study-that-helped-spur-the-us-stop- smoking-movement.html.

지만, 다른 업체들은 볼보의 그런 결정을 뒤따르지 않았다. 심지어 볼보는 더 많은 생명을 구할 수 있다는 희망으로 특허 받은 디자인을 다른 업체들이 무료로 사용할 수 있도록 했지만, 미국에서의 3점식 안전벨트 도입은 더디게 진행됐다. 1968년 미국에서는 법에 따라 2점식 안전벨트가 자동차업계의 표준이 됐고, 일부 주에서는 1984년부터 운전자가 의무적으로 착용하도록 했다. 오늘날 우리는 연간 1만 5천 명의 목숨을 구하는 3점식 안전벨트가 이상적인 안전벨트라는 것을 잘 알고 있다. 자동차 바퀴가 잠기는 현상을 방지해 주는 브레이크 시스템인 ABS와 다른 안전 시스템들이 자동차 대부분에 기본으로 장착돼 있다는 사실에 사람들은 만족한다.[41] 그렇다면 왜 이러한 디자인들을 채택하고 사용하기까지 그렇게 기나긴 시간과 어려운 과정이 필요했을까?

그 이유 중 하나는 바로 훌륭한 아이디어에 기꺼이 돈을 지불할 사람들을 찾기가 늘 어려웠기 때문이다. 보통 창의적인 인물들에 대한 이야기가 전달되는 낭만적인 방식은 우리로 하여금 그들의 아이디어가 너무나 훌륭해 그것을 차지하기 위해 너 나 할 것 없이 앞다퉈 줄을 섰을 것이라고 생각하게 만들지만, 사실 그런 일은 거의 일어나지 않는다.[42] 전등, 복사기, 개인용 컴퓨터, 휴대 전화 역시 제대로 작동하는 시제품에서 출발해 사람들이 어느 정도 보편적으로 사용하는 제품이 되기까지는 수년에서 수십 년이 걸렸다.

아이디어를 가진 사람들의 성공은 언제나 그들의 창의적인 재능뿐만 아

---

41) National Highway Safety Administration, "Seat Belts Save Lives," https:// www.nhtsa.gov/seat-belts/seat-belts-save-lives.
42) 디자인 신화 창조에 대한 자세한 내용은 필자가 쓴 《이노베이션 신화의 진실과 오해(The Myths of Innovation)》(오라일리 미디어, 2010))를 참조하기 바란다.

니라 상대방을 설득하는 능력에 좌우된다. 그들 모두 자신들이 일하는 데 필요한 자금을 얻기 위해 다른 사람들을 설득해야 했다. 우리는 조지아 오키프 Georgia O'Keefe (미국의 여류 화가), 마리 퀴리(프랑스 물리학자), 척 베리(미국의 전설적인 기타리스트), 파울라 셰어(미국의 유명 그래픽 디자이너)Paula Scher, 아이엠 페이(유명 건축가)I.M. Pei 같은 이름을 알고 있다. 그들은 다른 이들이 자신에게 투자하도록 설득할 수 있는 능력 덕분에 성공했다고 해도 과언이 아니다. 우리는 그들이 이뤄낸 업적이나 성공을 당연한 일처럼 생각하지만, 사실 그들이 자신을 유명하게 만들어 준 일에 전념하고 있을 당시에 다른 사람들이 자신의 아이디어에 투자하도록 설득하는 일은 그들이 성공하는 데 있어 다른 무엇보다 더 중요한 역할을 했다.

자동차업계는 안전에 대해 생각해 볼 수 있는 두 번째 기회를 갖게 됐다. 3점식 안전벨트가 도입된 지 10년이 지난 시점에서 에어백을 포함한 다른 안전장치들이 개발돼 시장에 출시된 것이었다. 그러나 자동차업계는 새로운 아이디어를 도입하는 데 엄청난 비용이 든다는 이유로 또 다시 주저하는 모습을 보였다. 1975년 포드 자동차의 리 아이아코카Lee Iacocca 사장은 다음과 같이 말했다.

1976년, 1977년, 1978년에 출시된 모델들을 생산하면서 현재 새롭게 제안된 안전장치, 충격에 따른 손상 정도, 배기량에 대한 기준을 모두 충족시킬 경우, 소비자가 자동차 한 대당 약 750 달러, 또는 연간 약 80억 달러를 추가로 지불하게 될 것입니다. (…) 저희가 새로운 안전장치, 충격에 따른 손상 정도, 배기량에 대한 새로운 기준을 적용하려면 5년이라는 유예 기간

이 필요합니다.[43]

아이아코카의 말에도 일리는 있었다. 1975년 미국은 큰 불황을 겪고 있었고, 석유 파동에서 막 벗어난 상황에 있었다(미국인들은 당시 격일로만 휘발유를 구입할 수 있었다). 미국의 모든 자동차 제조업체 역시 상황이 좋지 않았다. 아이아코카가 더 안전한 자동차를 원했다 하더라도 새로운 기준을 바로 도입해 적용했다면 회사가 도산하고 말았을 것이다. 그러나 사업이 잘 되고 있을 때마저 조직적으로 책임을 회피하는 기업들이 많기 때문에 그들이 얼렁뚱땅 넘어가도록 내버려 둘 수 있는 문제도 결코 아니다.

어떤 기업들은 훌륭한 기업 시민다운 모습으로 그들 자신의 야망과 그들이 속한 사회의 요구 사이에서 균형을 이루는 면모를 보이기도 한다. 그러나 많은 기업이 단기간에 이윤을 극대화하기 위해 만들어진 조직체나 다름없다. 이는 자사에 이익이 된다면 어떤 문제든 외면할 수 있고, 또 그러한 태도를 정당화할 수 있다는 것을 의미한다. 고객, 직원, 그리고 세계 전체에 피해를 입힐 수 있는 문제도 예외는 아니다. 보통 기업들은 자신들의 입장을 정당화하는 데 외부성externality이라는 개념을 자주 이용하는데, 외부성이란 의도하지 않은 이익이나 손해가 다른 누군가에게 영향을 미치는 것을 말한다.

지난 수백 년 동안, 심지어 오늘날까지 기업들은 폐기물을 강에 방류하고, 대기 오염에 대한 이렇다 할 손해보상도 없이 온실가스를 계속 배출하고 있

---

43) Walter Rugaber, "Industry Resists Car-Safety Costs"에서 재인용, New York Times, April 4, 2006, https://www.nytimes.com/1975/04/06/archives/ industry-resists-carsafety-costs-companies-feel-consumers-will.html.

다. 그들은 개인들이 환경을 훼손하는 것보다 훨씬 더 심각한 수준으로 집단 훼손을 일삼고 있다(세계 온실가스 총배출량의 70퍼센트에 대한 책임은 엑슨모빌ExxonMobil, 쉘Shell, 쉐브론Chevron을 포함한 100개 기업에 있다).[44] 이러한 현상은 모든 사람이 공원이나 호수와 같은 공공 자원을 사적 이익을 취할 목적으로 어떤 대가도 지불하지 않고 남용할 경우, 결국 그 자원은 고갈되고 만다는 내용을 담고 있는 공유지의 비극tragedy of the commons이라는 개념으로 설명할 수 있다.[45] 법적으로 기업들에게 변화를 요구하기 전까지는 환경오염에 관심을 기울이는 기업이 거의 없을 것이다. 그러한 무책임한 태도가 장기적으로 우리 삶의 터전은 물론이고 자신들까지 파괴하고 위협할 것이라는 사실에도 불구하고, 당장 눈앞에 보이는 이익만을 좇는 것이다. 경제 성장을 보여 주는 지표로 자주 쓰이는 국내총생산GDP은 공기, 물, 식품, 환경의 질이나 지속 가능성을 나타내는 척도가 아니며, 우리 삶의 질이 떨어지는 상황에서도 국내총생산은 계속 증가할 수 있다.

과거에 존재했거나 현재에 존재하는 식민주의, 전쟁, 노예 제도, 아동 노동, 환경 파괴에는 보통 그 일이 일어나고 있는 상황을 이용하고 자신들의 수입원을 보호하려는 조직들이 연루돼 있다.[46] 기업들도 도로, 교육, 국방과 같이 그들이 의지하고 있는 공공 제도에 충분한 기여를 하기는커녕 세금 회피를 일삼는다. 많은 기업들은 자신들이 대단한 성과를 낸 한 해를 보냈다고 주장할 때, 그들이 이득을 취하고 있는 부정적 외부성이 있다거나 아무 대가를

44) Tess Riley, "Just 100 Companies Responsible for 71% of Global Emissions, Study Says," The Guardian, July 10, 2017, https://www.theguardian.com/ sustainable-business/2017/jul/10/100-fossil-fuel-companies-investors- responsible-71-global-emissions-cdp-study-climate-change.

45) Jim Chappelow, "Tragedy of the Commons," Investopedia, May 10, 2019, https://www.investopedia.com/terms/t/tragedy-of-the-commons.asp.

46) Joel Bakan, The Corporation: The Pathological Pursuit of Profit and Power (Penguin Canada, 2004).

지불하지 않고 공공재를 사용하고 있다는 사실을 감추는 경우가 많고, 자기들이 낸 수익이 다른 사람들이 지불한 비용에서 나온 게 아닌 것처럼 아주 그럴듯하게 꾸며 이야기하곤 한다.

안전성이나 품질 측면에서 볼 때 훌륭한 디자인이 부족한 것은 일종의 부정적 외부성이 발생해 그런 것으로도 볼 수 있다. 노트북이 얼마 지나지 않아 고장 난다거나 모바일 앱이 사용하기 어렵다면 그 비용을 외부화해 보는 것은 어떨까? 보통 많은 기업이 조직의 기본 목표가 주주들을 위한 이윤을 창출하는 데 있다고 정의한다. 만약 그렇다면, 이윤으로 남길 수 있는 돈을 굳이 직원 연금, 더 나은 안전성, 더 효율적인 디자인에 쓸 필요가 있을까? 시장에서 경쟁업체에게 따라잡히지 않는 한, 현 상태를 유지하는 게 그들 입장에서는 더 낫지 않을까?

디자인업계의 위대한 도약 중 하나는 지금 바로 소개할 이 일 덕분에 일어날 수 있었다. 1924년 알프레드 P. 슬론 2세Alfred P. Sloan Jr. 제너럴 모터스(GM) 사장은 자동차 시장이 포화 상태라는 것을 깨달았다. 당시 자동차를 원하는 사람이라면 누구나 다 한 대씩은 가지고 있었다.[47] 자동차업계가 성장을 계속하기 위해서는 자동차 소유주들이 이미 가지고 있는 차에 별 문제가 없어도 새 차를 사고 싶게끔 설득할 방법이 필요했다. 오늘날 이런 이야기를 들으면 평범한 마케팅 전략처럼 들리겠지만, 그 당시에 그런 전략을 펴기에는 많은 제약이 있었다. 그런데 슬론이 모든 것을 바꿔 놨다. 그는 매년 새로운 자

---

47) Melissa Block, host, "GM's Role in American Life," All Things Considered, NPR radio program; transcript posted April 2, 2009; available at https:// www.npr.org/templates/story/story.php?storyId=102670076.

동차 모델을 출시한다는 아이디어를 내놓았다.[48] 슬론은 새롭게 보완한 디자인이나 더 나은 성능을 자랑하는 모델을 선보이기도 했지만, 주로 표면적으로 보이는 스타일과 외형에 변화를 줌으로써 앞서 출시된 모델들보다 더 매력적인 모델을 만들어 내는 데 주력했다. 이는 경쟁업체인 포드뿐 아니라 전년도에 출시된 자사 모델과도 경쟁하기 위해서였다. 슬론은 또 어떻게 자동차가 사회적 신분의 상징이 될 수 있는지 알게 됐다. 즉 사람들이 현실적인 문제를 해결하기 위해서라기보다는 다른 사람들에게 깊은 인상을 남기기 위해 자동차를 구매한다는 사실을 깨달았다. 1939년 출시된 최초의 자동 변속기인 하이드라-매틱Hydra-Matic 같은 GM의 획기적인 부품들은 첨단 기술이 적용된 기능들이 명명되고 시장에 나오는 방식을 완전히 바꿔 놨으며, 오늘날에도 우리는 여전히 그 막강한 영향력을 실감할 수 있다.

---

48) Automotive News, "Annual Model Change Was the Result of Affluence,Technology, Advertising," September 14, 2008, https://www.autonews. com/article/20080914/OEM02/309149950/annual-model-change-was- the-result-of-affluence-technology-advertising.

새로운 성능과 스타일을 가진 자동차를 만들어 내기 위해 GM은 창의적인 사람들을 고용해야 했다. 바로 디자이너들이었다! 미국의 산업 디자이너 수는 1931년 5,500명에서 1936년 9,500명으로 5년 만에 두 배 가까이 증가했다(심지어 이 5년은 대공황 기간이었다).[49] 현재 여러분이 디자인 직종에 종사하고 있다면, 슬론과 GM에 빚을 지고 있는 거나 다름없다. 슬론은 비록 그것이 연형 모델을 스타일링하는 수준이라고 해도 더 나은 디자인이 사업 전략과 이윤 창출의 핵심 요인이 될 수 있다는 것을 보여 주는 광범위한 비즈니스 사례를 만들어 냈다. 당시 그는 디자인 ROI(투자 수익률)와 관련해 가장 완벽한 사례를 세상에 선보였다.

하지만 슬론의 전략은 완전 멀쩡한 자동차 수천 대가 필요 이상으로 빨리 교체될 수 있음을 의미했다. 오늘날 우리는 이 같은 전략을 계획적 진부화 planned obsolescence라고 한다. 계획적 진부화는 사업이나 이익 면에서 보면 좋은 전략이라 할 수 있지만, 대개는 더 많은 폐기물이 생길 수밖에 없는 외부성이 발생한다. 자동차는 재활용성이 매우 높고, 슬론이 입증한 비즈니스 모델은 플라스틱 제품을 포함한 많은 제품에도 유리한 모델이었지만 현실은 그렇지가 못하다. 오늘날, 플라스틱 제품의 91퍼센트가 재활용되지 않고 있다.[50]

제2차 세계 대전 이후 미국의 경제 붐은 견고하게 만들어진 것들을 재사용하는 태도를 비웃는 소비문화를 촉발시켰다. 미국 하버드 대학의 역사학

---

49) Beno Benhabib, Manufacturing: Design, Production, Automation, and Integration (CRC Press, 2003).
50) Laura Parker, "A Whopping 91% of Plastic Isn't Recycled," National Geographic, December 20, 2018, https://www.nationalgeographic.com/ news/2017/07/plastic-produced-recycling-waste-ocean-trash-debris- environment.

과 교수 리자베스 코헨Lizabeth Cohen은 이렇게 설명한다. "15년간 지속됐던 불황과 전쟁 이후의 경제 회복은 활발한 대량 소비 경제에 달려 있었기 때문에 '더 많은, 더 새로운, 더 좋은' 것을 소비하는 구매자가 곧 좋은 시민이었습니다."[51] 오늘날 사람들은 빚을 내고 부업을 하고 멀쩡한 물건들을 버려 가면서, 모두가 '뒤처지지 않겠다'는 환상을 좇으려고 한다. 빅터 파파넥은 언젠가 이렇게 적었다. "디자인보다 더 해로운 직종들이 존재하기는 하지만, 별로 많지는 않다. 세상을 어지럽히는 온갖 종류의 영구적인 쓰레기를 만들어 내고, 공기를 오염시키는 자재와 제작 공정을 선택하는 디자이너들은 위험한 유형의 전문가가 되고 말았다."[52]

물론, 진부화가 늘 나쁜 것만은 아니다. 달리 말하면 진부화를 통해 진보해 나갈 수도 있다! 나는 실내 배관, 에어컨, 전기, 냉장고가 있다는 사실이 너무 좋다. 휴대 전화에 더 좋은 카메라가 달리거나 배터리 수명이 길어지는 것도 아주 신나는 일이다. 소프트웨어가 더 사용하기 쉬운 기능으로 자주 자동 업데이트되는 것은 좋은 일이다. 그러나 진보는 그 진보로 인해 퇴보하는 것들과의 합리적인 비교를 통해 평가되는 경우가 매우 드물다. 휴대 전화는 매년 더 좋아지고 있지만, 미국에서만 연간 1억 5천 100만 대가 버려지고 있다는 사실에는 무관심하다.[53] 우리가 사용하는 앱을 운영하는 일을 주관하는 '클라우드' 데이터 센터가 배출하는 온실가스는 항공 산업에 맞먹는 수준으로

---

51) PBS, "The Rise of American Consumerism"에서 재인용, https://www.pbs. org/wgbh/americanexperience/features/tupperware-consumer.
52) Papanek, Design for the Real World.
53) Nathan Proctor, "Americans Toss 151 Million Phones a Year," WBUR,December 11, 2018, https://www.wbur.org/cognoscenti/2018/12/11/right-to-repair-nathan-proctor.

전체 온실가스 배출량의 2퍼센트에 달한다.[54]

소프트웨어와 앱 업그레이드는 그것들을 디자인한 디자이너들(혹은 그것들을 사용하는 사용자들)이 인식하고 있는 것보다 더 많은 불편과 다시 배워야 하는 번거로움을 유발하기도 한다. 작가이자 디자인 전문가인 크리스티나 워드케Christina Wodtke는 이렇게 설명한다. "고객들은 그게 어떤 식으로 작동하는지 잘 알고 있어요. 그런데 어느 날 당신이 그걸 바꿔 놓는 거죠. 고객들의 집에 몰래 들어가 거실에 있는 가구를 (당신이 보기에) 좀 더 만족스러운 형태로 다시 마음대로 배치하는 거나 다름없어요. 그들에게 사전에 허락을 받거나 어떤 주의도 주지 않고요."[55] 디자이너들은 성능을 개선하는 것의 가치를 과대평가하고, 그로 인해 고객들이 감당해야 할 번거로움이라는 비용은 과소평가하는 경향이 있다.

디자이너들과 그들을 고용하는 조직들이 어떤 결정을 내리기 전에 생각하는 시간은 더 짧아졌지만, 그들이 내린 그 많은 결정의 영향력이 지속되는 시간은 더 길어졌다. 웬델 베리Wendell Berry의 말을 바꿔 표현하면 이렇다. "우리는 조상들에게 지구를 물려받은 게 아닙니다. 우리 아이들에게 잠시 빌린 것이죠." 우리에게 자녀가 있거나 적어도 미래에 우리를 돌봐 줄 세대에 관심이 있다면, 우리가 어떻게 투표하고 결정할지를 고민할 때 우리의 이익이 아닌 그들의 이익에 초점이 맞춰져야 하지 않을까? 기업들과 그들이 창출하는 이

---

54) Michael Rohwer, "The Data Center Emissions Challenge-It's Not Just the Big Guys," GreenBiz, August 31, 2017, https://www.greenbiz.com/article/ data-center-emissions-challenge-its-not-just-big-guys.
55) Christina Wodtke, "Users Don't Hate Change, They Hate You," Medium, September 16, 2013, https://medium.com/@cwodtke/users-dont-hate-change-they-hate-you-461772fbcac7.

윤이 나쁘다는 이야기가 아니다. 오히려 기업과 이윤 창출은 우리가 발전해 나가는 데 꼭 필요한 원동력이다. 다만, 그 이윤 창출이 누구의 희생으로 만들어지는가에 대해 우리는 솔직해져야 한다는 말이다.

이 모든 것은 한 가지 단순한 사실로 귀결된다. 개선될 여지가 있는 디자인이 눈에 띌 때마다 이 사실을 명심하라. 누군가는 더 나은 디자인을 위한 대가를 지불해야 하고, 바로 그 누군가는 더 나은 디자인을 만드는 조직이거나, 그 디자인을 구매하는 고객이거나, 그 디자인에 보조금을 지원해 주는 정부다. 아무도 돈을 지불하려고 하지 않거나 개선 방식에 동의하지 않는다면, 그것은 디자인의 문제가 아니라 가치관의 문제. 어떤 조직들은 이른바 트리플 바텀 라인(triple bottom line, 경제적 측면뿐 아니라 사회적·환경적 측면에 대한 기업의 역할과 책임을 강조하는 용어다_옮긴이)이라는 비즈니스 원칙을 추구하기도 한다. 이러한 기업들은 이윤 창출이라는 경제적 측면뿐 아니라 사회 구성원들을 위해 책임을 다하는 사회적 측면, 지구의 안전을 생각하는 환경적 측면을 종합적으로 고려한 경영 활동을 펼치기 위해 노력한다. 이런 식의 폭넓은 경영 철학이 없다면, 근시안적인 디자인으로 발생하는 '디자인 부채design debt'와 그로 인한 부정적인 영향을 다음 세대에 고스란히 떠넘기게 될 것이다.

10

힘 있는
자가
결정한다

How Design Makes the World

**How
Design
Makes
the
World**

이런 생각을 하는 사람은 거의 없겠시만, 성영진도 디자이너다. 그들은 조직을 디자인하는 조직 디자이너다. 그들은 전략, 예산, 문화, 채용 대상 등을 선택함으로써 좋은 디자인을 만들 수 있는 가능성에 디자이너들보다 더 큰 영향력을 행사하기도 한다. 알프레드 슬론은 켤코 자신을 디자이너라고 부르지 않았겠지만, 전략에 대한 그의 선택은 '디자인'과 '디자이너'라는 단어가 이 세상에서 의미하는 바를 재정의했다. 어느 조직에서나 첫 번째 디자이너는 디자인에 대해 잘 모르는 사람이 뽑게 돼 있다는 단순한 사실만 봐도 그 안에는 엄청난 진실이 담겨 있다. 그게 어디든, 좋은 디자인이 나오느냐 나쁜 디자인이 나오느냐의 문제는 누가 가장 큰 권력을 쥐고 있느냐에 달려 있다.

한 조직이 저명한 건축가 마야 린Maya Lin, 자하 하디드Zaha Hadi, 비야케 잉겔스Bjarke Ingels 이 세 명을 고용해 일을 맡길 수도 있겠지만, 만일 그들의 의뢰인이 그 모든 제안을 수용하지 않는다면 세 건축가가 가지고 있는 능력도 무용지물이 될 것이다. 보통 우리는 위대한 작품을 감상할 때 그 작품의 디자이너에게 가장 큰 찬사를 보내지만, 마이클 윌포드^{Michael Wilford}가 쓴 것처럼, "독특한 건물 뒤에는 독특한 의뢰인이 있기 마련이다." 한 작업이 완성되고 나면 디자이너와 건축가가 세간의 관심을 한 몸에 받곤 하지만, 그 작업을 하는 과정에서 그들이 제시하는 아이디어에 퇴짜를 놓을 수 있는 힘을 가진 이는 바로 의뢰인이다. 가끔은 그런 권력을 쥐고 있는 사람들이 '실력 있는 디자이너들에게 일을 시키고 있다'는 것을 과시하기 위해 그저 보여 주기 식으로 디자이너를 고용하는 경우도 있다. 그들의 목적은 판매를 돕기 위해 해당 디자이너의 명성과 평판을 이용하는 데 있으며, 그 디자이너의 의견에는 관심조차 보이지 않는 경우가 생기기도 한다.

보통은 한 명 이상의 실세가 존재하며, 그들이 해야 할 일은 무엇을 할 수 있을지 함께 협의해 밝혀내는 것이다. 몬태나주에 있는 도시 미줄라^{Missoula}를 그 예로 들어 보자. 미줄라는 아주 특이한 특징을 가진 작은 도시다. 이 도시는 격자형 도시 구조를 가지고 있지만, 도시 중심에 위치한 구역의 격자 구조는 다른 구역과 달리 45도 방향으로 디자인돼 있다. 이는 격자형 도시 구조가 지닌 주된 장점을 무색하게 만드는 디자인으로, 그 구역 안에서는 길을 잃기가 훨씬 더 쉽다. 도시 계획가는 대체 무슨 생각을 하고 있었을까? 그런 구조가 만들어진 이유는 당시 한 가지 계획만 있었던 게 아니라, 서로 의견이 맞지 않아 합의에 도달하지 못한 파벌 간의 싸움으로 나뉜 두 가지 계획이 존재했기 때문이었다.

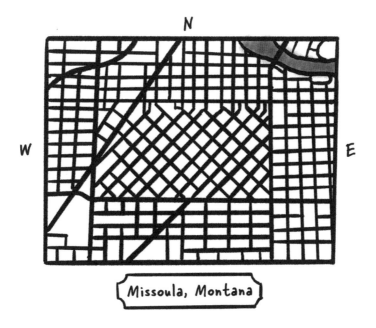

Missoula, Montana

1880년대에 W.M. 비포드W.M. Bickford와 W.J. 스티븐스W.J. Stephens라는 두 지주는 해당 지역을 대각선으로 가로지르는 오래된 마차 도로 근처에 부동산을 소유하고 있었다. 두 사람은 그 마차 도로를 기준으로 모든 거리를 마차 도로(아래 그림에 점선으로 표시된 이 도로는 오늘날에도 여전히 존재한다)와 평행하는 격자 모양으로 분할해 연결하는 그들만의 계획을 세웠다. 그들은 이 구조를 중심으로 하는 사우스 미줄라라는 이름의 새로운 마을을 꿈꿨다.

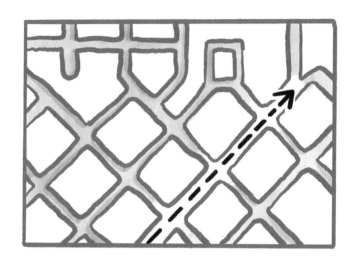

　문제는 또 다른 지주인 놀스 판사Judge Knowles가 북쪽에 있는 토지를 소유하고 있다는 점이었다. 그는 빅포드와 스티븐스가 제안한 도시 계획이 마음에 들지 않았다. 놀스는 그 두 사람이 인근의 대부분 구역이 사용하고 있는 원래의 구획 구조를 무시했기 때문에 사선 방향으로 구획을 나누는 것은 옳지 않다고 생각했다. 그는 사우스 미줄라라는 새로운 도시를 만드는 아이디어도 탐탁지 않았다. 그는 자신의 부동산을 합병하기 위해 미줄라 정부의 승낙을 받아 냈고, 일직선으로 곧게 뻗은 격자형 도시 구조 계획을 세웠다.

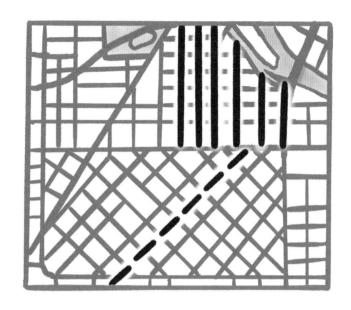

　당시 그 지역 대부분이 개발되지 않은 상태였기 때문에 더 많은 도로가 건설되고, 더 많은 사람들이 그 지역에 정착할 때까지는 공식적인 계획이 별로 큰 의미가 없었다. 빅포드와 스티븐스가 자신들이 세운 계획을 더 우세한 디자인으로 내세울 수 있는 기회는 여전히 남아 있었다. 당시 그 문제에서 중추 역할을 하는 핵심 요인은 바로 클라크포크강Clark Fork River을 가로지르는 오래된 다리인 히긴스 다리Higgins Bridge를 교체해야 한다는 것이었다. 그 다리가 어떻게 배치되느냐에 따라 서로 다른 두 계획 중 하나가 공식적인 지원을 받을 수 있는 상황이었다. 그 다리와 직접 연결되는 도로는 그 지역의 주요 도로가 될 것이었기 때문이다.

　히긴스 다리는 미줄라라는 도시를 설립한 사람 중 한 명인 C.P. 히긴스C.P. Higgins의 이름을 따 그 이름이 붙여졌고, 마침 그 시기에 히긴스는 놀스 판사와 친구가 됐다. 그들은 놀스가 계획했던 대로 남북으로 가지런하게 구획을 배치하는 디자인을 지지하기로 합의했고, 시민들이 자기들 편에 서도록 설득하기 위해 힘을 모았다. 힘을 합친 두 사람은 빅포드와 스티븐스보다 훨씬 더 큰 영향력을 갖게 됐고, 투표에서도 놀스가 원했던 계획이 다른 계획을 제치고 채택됐다. 그리고 미줄라 시민들은 영원히 그 대가를 치르게 될 운명에 놓이고 만다.

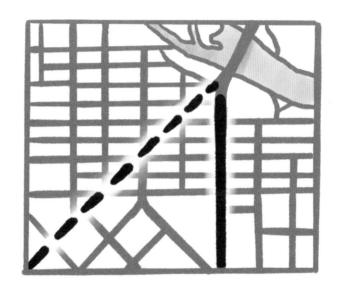

두 격자형 구획이 만나는 각 교차로에서 남북 방향으로 나 있는 한 거리는 서로 다른 이름을 가진 두 거리로 나뉘어야 한다. 이로 인해 기형적으로 만들어지는 5지 교차로에서는 길을 찾기가 필요 이상으로 복잡하고 위험하다. '고장 난 교차로Malfunction Junction'라는 별명을 가진 한 최악의 교차로는 여섯 갈래로 나뉜 6지 교차로로, 최근 재설계(완성하는 데 11년이 걸렸다)가 되기까지 미국에서 가장 위험하고 끔찍한 교차로 중 하나였다.

정치권력의 영향을 받은 디자인은 도시, 국가, 심지어 제품과 관련된 디자인에서도 흔히 발견된다. 권력을 가진 사람들은 보통 그들의 이익을 우선시하는데, 그들에게 좋은 디자인이란 자기 권력을 지키는 데 도움이 되는 디자인을 말한다. 그러한 디자인으로 야기되는 부정적인 결과를 감내해야 할 사람들의 고충은 그들에게 부차적인 것에 지나지 않는다.

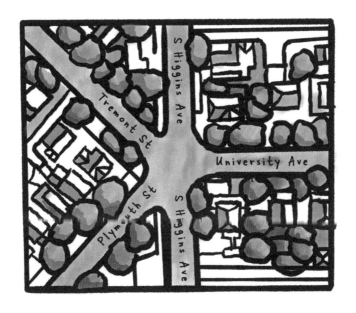

컴퓨터 프로그래머인 멜빈 콘웨이Melvin Conway는 그의 이름을 딴 법칙에 근거에 자신의 견해를 이렇게 밝힌다. "조직은 그 조직의 커뮤니케이션 구조와 닮은 디자인을 만들 수밖에 없다."[56] 즉 조직 정치의 한계는 그 조직이 만들어 내는 것들의 디자인에 그대로 나타나게 돼 있다. 한 명의 지주 혹은 임원이 다른 사람과 사이가 좋지 않거나 충돌하게 되면, 그들 사이에 형성된 전선이 제품 자체에도 반영돼 모든 사람에게 해를 끼친다.

---

56) 콘웨이 법칙에 대한 보다 폭넓은 논의는 위키백과 https://en.wikipedia.org/wiki/ Conway%27s_law에서 찾아볼 수 있다.

보통 이 같은 현상은 정부 기관이나 대학과 같은 대규모 조직의 웹 사이트에서 표면화돼 나타난다. 웹 사이트는 방문자들이 가장 많이 찾고 자주 이용하는 것들을 중심으로 디자인돼 있어야 한다. 하지만 리더들은 조직 내부에서 중요하게 생각하는 관점을 세상과 공유할 수 있는 웹 사이트가 가장 좋은 것이라고 생각할 때가 많다. 그런데 그런 태도는 영화를 보고 싶어 하는 사람에게 영화 감상이 아닌 영화 제작 방식, 영화 촬영장, 카메라, 조명, 영화 제작자를 더 생각하라고 강요하는 것이나 다름없다. 훌륭한 영화는 불신의 유예(suspension of disbelief, 영화와 같은 픽션을 즐기기 위해 의심이나 비판을 잠시 멈추고 몰입하려는 의지를 말한다_옮긴이) 덕분에 빛을 발한다. 훌륭한 영화는 영화 속 장면 뒤에 어떤 일들이 얽혀 있는지, 혹은 그 영화를 촬영하기 위한 촬영 현장, 촬영소, 조명 등이 동원됐다는 사실을 우리가 완전히 잊을 수 있도록 아주 정교하게 공들여 만들어진다. 앞서 4장에서 살펴본 세그웨이가 기술을 우선시해 프로젝트를 시작하는 우를 범했다면, 이 장에서는 조직 정치를 우선시해 일을 추진함으로써 발생할 수 있는 문제들을 살펴보고 있다. 두 경우 모두, 이론상 그 일을 하는 모든 사람이 실패를 맛보게 된다.

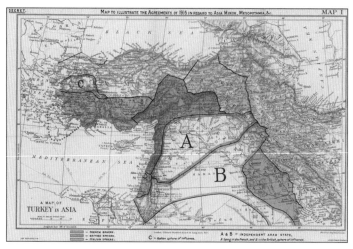

더 큰 무대를 배경으로 한 이야기 중에도 비슷한 사례들이 있다. 제1차 세계 대전이 끝날 무렵 연합군은 오늘날 우리가 중동이라고 부르는 지역 상당 부분을 차지하고 있던 오스만 제국의 영토를 어떻게 분할할 것인지 결정하기 위해 함께 머리를 맞댔다.

영국과 프랑스는 터키령 시리아, 이라크, 레바논, 팔레스타인을 영국 정부와 프랑스 정부가 분할 관리하기로 합의한 사이크스-피코 협정Sykes-Picot Agreement이라는 비밀 협정을 맺었다. 당시 세 가지 문제가 있었다. 첫째, 프랑수아 조르주 피코François Georges-Picot와 마크 사이크스Mark Sykes는 유럽 국가들을 대표해 활동하는 중진급 외교관으로, 해당 지역들을 최대한 잘 이용하기 위한 '그들만의' 의제를 가지고 있었다. 둘째, 두 사람 모두 그들이 재분할하고자하는 영토에서 살아온 사람들의 역사에 대한 이해가 부족했다. 셋째, 아랍은 전쟁 중에 그들이 협력한 대가로 독립을 약속받았지만, 비밀 협약으로 그 약속이 깨졌다.

여러 문제에도 불구하고 그들은 수백 년의 역사가 숨 쉬는 영토 위에 새로운 국가와 국경을 만들어 냈고, 자신들이 만든 새로운 지도, 즉 국가 디자인이 효과적으로 작동할 것으로 기대했다.[57]《아라비아의 로렌스: 전쟁, 속임수, 어리석은 제국주의 그리고 현대 중동의 탄생Lawrence in Arabia: War, Deceit, Imperial Folly and the Making of the Modern Middle East》의 저자 스콧 앤더슨Scott Anderson은 다음과 같이 설명한다.

---

57) 사이크스-피코 협정 지도와 협정에 대한 자세한 내용은 위키백과 https:// en.m.wikipedia.org/wiki/ Sykes%E2%80%93Picot_Agreement#/media/ File%3APeace-conference-memoranda-respecting -syria-arabia- palestine5.jpg에서 확인할 수 있다.

오늘날 중동을 보면 사이크스-피코 협정으로 만들어진 인공 국가 5개국이 있고, 그 중 가장 눈에 띄는 국가는 이라크, 시리아, 그리고 요르단이다. 그러나 오늘날 이라크와 시리아를 지켜본 사람이라면 누구나 인위적으로 그어진 그 두 국가의 국경선이 이제 완전히 붕괴됐다는 것을 알 수 있다. (…) 국경선과 부족의 경계선이 서로 엇갈려 있고, 그 경계선 안에서는 또 씨족과 하위 씨족으로 나뉜다.[58]*

협정이 비준된 후, 폭동과 내전이 시작됐다. 그리 놀랄 만한 일은 아니었지만, 이는 오늘날 우리가 알고 있는 중동을 만들어 낸 분쟁의 씨앗이 됐다. 그들이 일으킨 소요에 대응해 영국과 프랑스는 기존 집단들이 가지고 있는 권력을 빼앗기 위해 노력했다. 그리고 그들은 자신들이 조종하기 쉽고 반란을 일으킬 걱정이 거의 없는 힘없는 지도자들에게 힘을 실어 줬다. 영국과 프랑스는 그들이 격화시킨 민족적·종교적·언어적 분열을 진정시키는 데 아무런 도움도 주지 못했다.

제2차 세계 대전 이후, 미국과 소련은 영국과 프랑스로부터 그 책임을 넘겨받아 똑같은 국경 지역을 똑같은 방식으로 관리하고 유지했다. 앤더슨에 따르면, 미국의 2003년 이라크 침공과 아랍의 봄을 거치고 나서야 비로소 사이크스와 피코가 인위적인 국가 디자인으로 만들어 낸 혼돈의 서막이 열렸다.

---

58) Scott Anderson on Robert Siegel, host, All Things Considered, NPR radio program; transcript posted May 13, 2016; available at https://www.npr. org/2016/05/13/477974553/lawrence-in-arabia-author-examines-lasting-impact-of-sykes-picot-agreement.

많은 사람들은 중동이 왜 그렇게 항상 혼란을 겪고 있는 것처럼 보이는지 의아해한다. 인도와 파키스탄, 이스라엘과 팔레스타인, 나이지리아와 카메룬 사이의 국경에서 벌어지는 분쟁에 대해서도 마찬가지다. 그러한 혼란과 분쟁을 일으키는 여러 요인이 존재하지만, 한 가지 주목할 만한 요인은 바로 권력을 쥐고 있는 사람들, 즉 주로 권력을 손에 쥔 외국인들이 그들의 국경을 임의대로 정했다는 사실이다. 강대국들은 자신들의 그런 시도가 실패할 수밖에 없는 역사적인 이유를 제대로 이해하지도 못한 채 자신들의 명분만을 가지고 다른 국가에 영향력을 행사한다.[59]

미국인들은 지도를 만드는 사람들이 가진 힘을 구경하기 위해 굳이 멀리 갈 필요가 없다. 현직 정치인들이 자기 당의 정치권력을 지키기 위해 선거구를 변경하는 게리맨더링Gerrymandering은 흔히 볼 수 있는 관행 중 하나다. 더 충격적인 것은 제2차 세계 대전 이후 미국 정부가 경제를 재건하고 전쟁에서 돌아온 1,600만 명의 미국인(흑인 100만 명 포함)을 중산층으로 끌어올리기 위한 방법으로 주택 소유 정책을 선택했다는 것이다.[60,61] 연방 주택 관리국Federal Housing Administration은 누가 주택 자금 대출을 받을 수 있는지를 규정하면서, 안내문에 '서로 너무 달라서 공존할 수 없는 인종 집단은 같은 지역 사회에 거주할 수 없도록 해야 한다'고 명시했다.[62] 그들은 어떤 지역에서 대

---

59) Stephen Kinzer, Overthrow: America's Century of Regime Change from Hawaii to Iraq (Times Books, 2007).

60) US Department of Veterans Affairs, "America's Wars," pdf fact sheet, https://www.va.gov/opa/publications/factsheets/fs_americas_wars.pdf.

61) Henry Louis Gates Jr., "What Was Black America's Double War?" PBS, https://www.pbs.org/wnet/african-americans-many-rivers-to-cross/history/what-was-black-americas-double-war.

62) Terry Gross, "A 'Forgotten History' of How the U.S. Government Segregated America," NPR, May 3, 2017,https://www.npr.org/2017/05/03/526655831/a-forgotten-history-of-how-the-u-s-government-segregated-america.

출을 받을 수 있는지를 알려 주는 지도를 제작했다. 파란 선으로 표시된 지역일 경우 대출을 받을 수 있지만, 빨간 선으로 표시된 지역, 즉 레드라이닝 (redlining, '특정 경계 지역 지정'이라고 불리며, 주로 흑인을 포함한 빈곤층이 거주하는 지역에 대출이나 보험 같은 금융 서비스를 제한했던 차별적 관행을 말한다_옮긴이)에 해당할 경우 대출 거부를 당했다.

이러한 정책 때문에 빈곤층이나 흑인들이 주로 거주하는 지역에서는 대출을 받을 수 없었고, 그렇다고 대출이 가능한 지역으로 이사할 수도 없었다. 미국인 대부분은 자유 시장이 지역 사회의 운명을 결정한다고 믿고, 그러한 시장 경제 원리로 어떤 지역은 낙후되고 또 어떤 지역은 번영한다고 생각하지만, 많은 경우에 그것은 사실이 아니다. 레이 램지Rey Ramsey 전 해비타트Habitat for Humanity 회장은 말한다. 그러한 역사에도 불구하고 '사람들은 정책 디자인이 아닌 채무 불이행으로 그런 일들이 일어났다고 믿으며 잠자리에 들곤 한다'[63]

---

63) Rey Ramsey in Giorgio Angelini, director, Owned: A Tale of Two Americas,2018 film, http://www. ownedfilm.com.

11
디자인은
변화하는
동사다

How Design Makes the World

**How
Design
Makes
the
World**

가슴에 보통 때와 다른 통증이 느껴져 병원 응급실을 찾았다고 상상해 보자(인종 차별과 세계 정치에 너무 큰 스트레스를 받아 통증이 생겼는지도 모를 일이다). 별로 쾌적하지 않은 대기실에 앉아 통증을 참으며 기다리고 있는데 심장 마비 증상을 겪고 있다는 확신이 들기 시작한다. 당신은 그 어떤 의료 교육도 받아 본 적이 없지만, TV 프로그램이나 영화에서 심장 마비와 관련된 내용이나 장면들을 수없이 많이 봐 왔기 때문에 자신이 신뢰할 만한 의학 지식을 가지고 있다고 믿고 있다. 그리고 당신은 지금 그 심장 마비 증상과 매우 유사한 증상을 겪고 있다.

마침내 당신은 의사에게 진찰을 받기 위해 진료실로 들어간다. 의사가 무슨 말을 꺼내기도 전에 먼저 최대한 침착하게, 그러나 전혀 침착하지 않은 말투로 말한다. "심장 마비가 온 것 같아요! 도와주세요!" 의사는 한동안 생각에 잠겨 당신을 빤히 바라보다가 어깨를 으쓱한다. 어떤 질문도, 혈압 체크도 하지 않은 채 의사가 일어서며 말한다. "좋아요. 당신 말이 맞는 것 같군요. 지금 당장 수술합시다." 의사가 당신에게 다가가 녹슨 펜나이프(주머니칼이라고도 한다_옮긴이)를 꺼내 수술에 들어간다.

실제로 의사가 이렇게 행동한다면 의료법상 의료 과실 행위가 될 수 있다 (의사는 수술 전 당신에게 진정제를 투여하지도 않았고, 그 어떤 서류 작성도 요청하지 않았다). 의사들은 환자가 보이는 증상과 관련해 다양한 원인이 있을 수 있음을 잘 알고 있다. 폐 이식이나 다리 절단과 같은 수술에 바로 들어가는 행위는 매우 어리석은 일이 될 것이고, 진정제를 투여하지 않은 상태에서 펜나이프로 심장 절개를 한다면 매우 충격적인 일이 될 것이다. 의사들은 진단이라는 과정을 통해 숙달된 의사가 된다. 진단 과정에서 다양한 질문을 하고, 정확하게 문제를 파악하는 데 필요한 과학적인 검사를 통해 얻은 데이터를 사용하게 된다.[64] 엔지니어들 역시 5 Whys 기법(도요타 그룹의 창업자인 도요타 사키치Sakichi Toyoda가 고안했다)을 자주 이용하는데, 최근 발생한 문제점이나 증상을 진단하고 그 원인을 파악하기 위해 '왜'라는 질문을 반복한다.

이런 게 디자인과 무슨 상관이 있을까? 문제를 제대로 해결하기 위해서는 항상 진단이 필요하다. 배관공이 '고장 난 배수구'를 고치러 집에 왔을 때, 그가 가장 먼저 하는 일은 배수관에 정말 문제가 있는 것인지, 아니면 배수

---

64) Erin P. Balogh et al., "The Diagnostic Process," from Improving Diagnosis in Health Care (National Academic Press, 2015); chapter available at https:// www.nap.edu/read/21794/chapter/4#32.

관과 연결된 파이프나 다른 것에 문제가 있는 것인지 진단하는 것이다. 사람들은 문제를 알아차리는 데에는 능숙할지 모르지만, 상황을 성급하게 판단하는 경향이 있다. (속쓰림을 심장 마비 증상과 혼동하기도 하는데, 주로 심장이나 위가 어디쯤에 위치해 있는지 잘 몰라서 나타나는 현상이다).[65] 이는 좋은 의사, 배관공, 디자이너는 환자, 고객, 의뢰인의 의견에 동조하기 전에 먼저 끈기 있게 질문하면서 깊이 있게 조사하고 따져 본다는 것을 의미한다.

디자이너들은 문제를 진단하고 문제를 해결해 나가는 전 과정을 디자인 프로세스라고 부른다. 디자인 프로세스는 프로젝트를 시작하는 방법, 묻고 싶은 질문, 다양한 아이디어를 모색하는 방법, 좋은 해결책을 도출해 내기 위한 계획 등을 포함한다.

3장에서 우리는 간단한 프로세스를 살펴본 바 있다. 훌륭한 디자이너는 무엇을 만들든 두 가지 중요한 질문을 잊지 않고 한다고 했다.

1. **무엇을 개선하고자 하는가?**
2. **누구를 위해 개선하려고 하는가?**

그러나 이 두 가지 질문만으로는 충분하지 않다. 확실하지 않는 가정에 불과하다면 어쩌지? 잘못된 답을 선택한 거라면? 옳은 답을 선택했지만, 프로젝트 진행 도중에 다른 변수가 생긴다면?

---

65) Harold M. Schmeck Jr., "When Chest Pains Have Nothing to Do with a Heart Attack," New York Times, January 19, 1989, https://www.nytimes. com/1989/01/19/us/health-symptoms-diagnosis-when-chest-pains- have-nothing-with-heart-attack.html.

이 같은 물음들은 세 번째 질문으로 귀결된다.

**3. 프로젝트를 진행하는 동안 당신의 디자인 결정이 옳다는 것을 어떻게
확인할 것인가?**

그 답은 계속 순환하는 루프 모양으로 나타낼 수 있다. 한꺼번에 모든 것
을 다 결정하기에는 너무 많은 세부 사항이 있기 때문에 일련의 과정을 반복
하는 수밖에 없다. 각각의 루프, 즉 그 과정을 반복할 때마다 작업의 질이 향
상된다. 소설가가 출간이 아닌 피드백을 받기 위해 초고를 작성하는 방식, 그
리고 초고와 재고를 통해 배우고 얻은 것들이 원고를 탈고하는 데 도움을 주
는 것과 비슷한 원리라 설명할 수 있다.

학습Learn은 여러 방식으로 이뤄질 수 있다. 사람들이 기존 제품을 사용하
고 있는 사람들을 관찰하거나, 사람들이 물건을 구입할 때 어떤 식으로 물건
을 고르는지 지켜보기 위해 슈퍼마켓에 나가 볼 수도 있다. 또는 일상 업무를

수행하는 사람들을 관찰한 다음 그들에게 가장 만족스러운 점과 불만족스러운 점에 대해 물어보면서 인터뷰를 할 수도 있다. 어떻게 보면, 어떤 방식으로 연구할지를 결정하고 최대한 편견을 배제한 상태에서 그 연구를 수행하는 것이 곧 디자인에서 가장 중요한 문제라고도 할 수 있다. 이는 어째서 디자인 리서치라는 활동 그 자체가 하나의 직업이 될 수 있는지도 설명해 준다.

루프의 절반을 차지하고 있는 '제작create'은 디자인 문제를 해결해 줄 잠재적인 해결책들이 어떤 모습일지 확인하기 위해 스케치를 해 보거나 저렴한 시제품을 만드는 등 단순하고 개략적인 시도를 통해 시작해 볼 수 있다. 완벽한 것을 만드는 게 목표가 아니다. 애초에 그건 불가능하다. 목표는 무언가를 만들어 그것을 통해 배우는 데 있다. 미국의 디자인 컨설팅 기업인 아이디오 IDEO의 공동 창업자인 톰 켈리Tom Kelley와 데이비드 켈리David Kelley가 밝힌 믿음처럼, "한 장의 사진이 단어 수천 개를 대신할 수 있다면, 훌륭한 시제품은 사진 수천 장을 대신할 만한 가치를 지니고 있다."[66]

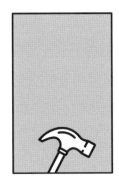

한 가지 놀라운 점은 제작-학습 루프를 반복하면서 개선점이나 해결해야

66) Catherine Fredman, "The IDEO Difference," Hemispheres, August 2002; pdf available at https://www.ideo.com/news/the-ideo-difference.

할 문제점에 대한 정의가 계속 수정된다는 것이다. a) "냉장고 공간이 좀 부족하다" vs b) "먹을 수 있는 양보다 더 많이 산다"라는 두 가지 표현을 한번 살펴보자. 같은 모습이나 현상을 관찰하고도 다양하게 표현할 수 있다. 같은 상황을 다르게 표현했을 뿐인데, 그 차이는 엄청나다. 한 사람은 냉장고 전체를 다시 디자인할 것을 제안하고, 다른 사람은 더 저렴하고 간단한 해결책을 제시할 수도 있다. 그 문제가 어떤 뉘앙스로 어떻게 표현됐느냐에 따라 여러분이 관심을 갖고 검토하게 될 해결책이 달라질 수 있다. 이는 해결책을 디자인하는 기술만큼이나 문제를 정의하는 기술도 중요하다는 것을 의미한다. 이러한 기술을 두고 문제를 프레이밍framing한다고 표현한다. 동일한 대상이나 상황임에도 불구하고 그것을 바라보는 관점에 따라 그 의미가 달라질 수 있다(위 이미지 참조).

문제는 대부분 사람이 문제 '해결하기'에 성급하게 뛰어들기를 좋아한다는 데 있다. 게다가 사람들은 만들고 학습하기를 반복하는 루프 방식을 좋아하지 않는다. 그 과정이 생소하고, 사람들이 주로 사용하는 선형 일정에는 잘 들어맞지도 않는다. 직선으로 쭉쭉 나아가며 일하는 게 효율적이라고 배우곤 하지만, 효율성이 곧 품질은 아니라는 데 함정이 있다. 품질을 향상시키고 싶다면 더 많은 시간을 투자하거나, 아니면 시간을 더 현명하게 사용해야 한다.

아마존이나 유튜브 같은 웹 서비스를 구축하는 디자이너와 엔지니어들은 아주 짧은 주기의 제작-학습 루프 과정을 반복해 가며 일하는 경우가 많고, 때에 따라 그 주기가 며칠 혹은 몇 시간으로까지 단축되기도 한다. 그들은 작은 아이디어를 프로토타입으로 만들고, 소규모의 사용자 그룹을 통해 그것을 테스트함으로써 새로운 것들을 배우고, 다시 그것을 다듬어 세상에 내놓는다. 초고층 건물이나 대중교통 시스템과 같이 한 번만 만들 수밖에 없는 프로젝트들은 보통 일련의 프로토타입 제작과 테스트가 포함돼 있는 광범위한 일정을 쪼개서 그에 맞는 루프 일정을 짜야 한다. 그것들을 만드는 디자이너들에게 적어도 수십 년은 끄떡없을 정도로 훌륭한 결정을 내리는 데 필요한 충분한 정보를 주기 위해서다.

루프 방식으로 일하는 전문가는 디자이너만이 아니다. 건축가, 엔지니어, 의사, 군대, 그 외에 다른 여러 직종들도 그 방식을 사용한다. 프로젝트를 수행할 때마다 새로운 과제를 해결해야 하는 일을 하는 사람이라면 누구나 어떤 식으로든 루프 방식을 사용한다. 그들은 루프형 작업 방식이 양질의 결과물을 얻는 데 가장 안정적인 방법이라는 사실을 알고 있다. 사람들은 종종 루프의 두 단계를 더 세분화해 그 단계를 늘리기도 하지만, 핵심 원리는 같다. 잘 알려진 방법들을 살펴보면 다음과 같다.

- **아키텍처 :** 정의Define, 수집Collect, 브레인스토밍Brainstorm, 개발Develop, 피드백 Feed- back, 개선Improve
- **전투 행위 사이클**Military OODA **:** 관찰Observe, 판단Orient, 결정Decide, 행동 Act
- **의료 :** 진찰Examine, 소통Communicate, 치료Treat
- **UX 디자인 :** 공감Empathize, 정의Define, 제작Create, 프로토타입Prototype, 테스트Test
- **전사적 품질 경영**Total Quality Management **:** 검사Scan, 집중Focus, 행동Act, 피드백 Feedback

디자인 사고^{design thinking}라는 용어는 훌륭한 디자이너가 일하는 방식을 설명하는 일련의 단계를 지칭하는 말로 인기를 끌었다.[67] 보통 사업가들과 학생들이 다양한 종류의 문제에 접근하고 해결하기 위한 방법으로 디자인 사고를 배운다. 이는 좋은 일이다. 문제는 특정 지식이나 경험이 없는 사람들이 일련의 단계를 배우기만 하면 그와 관련된 능력을 갖게 될 거라고 잘못 생각하기가 쉽다는 데 있다. 외과 전문의 사고^{surgeon thinking}라는 용어를 만들어 뇌외과 의사가 따르는 일련의 단계를 사람들에게 소개할 수도 있겠지만, 외과 의사의 사고방식을 이해한다고 해서 외과 의사의 능력을 갖게 되는 것은 아니라는 것을 대다수 사람이 알고 있을 것이다. 디자인 사고도 그와 다르지 않다. 디자인 사고를 배웠다고 해서 실력 있는 디자이너가 되는 것은 아니다. '디자인 사고'를 이해하고 있는 것과 '디자인 능력'을 갖고 있는 것은 별개의 문제다. 물론, 디자인 사고를 이해하고 있다면 그와 같은 방식으로 사고하는 데 도움이 될 수는 있다.

---

67) Christina Wodtke, "Five Habits of Design Thinking," Medium, July 2, 2019, https://medium.com/@cwodtke/five-habits-of-design-thinking- 45bb61b30393.

12
주머니
속
탑승권

How Design Makes the World

**How
Design
Makes
the
World**

비행기를 타고 이동하게 될 경우, 여러분은 수없이 많은 디자인을 접하게 된다. 탑승권을 예약하기 위한 웹 사이트, 공항 안에서 탑승 게이트까지 가는 길 찾기, 비행기에 탑승할 때 필요한 탑승권 사용 등을 통해 다양한 디자인을 경험할 수 있다(좌석이 좀 비좁긴 하지만 안전하고 신속한 항공기 디자인도 빠질 수 없다). 탑승권은 보통 이렇게 생겼다.

좀 이상하게 생겼다. 이유는 잘 모르겠지만 글자들이 여기저기 표류하는 듯한 모습으로 이상하게 배치돼 있다. 일부 백화점 영수증이나 관공서 서식도 이와 비슷한 문제점을 가지고 있다. 그래픽 디자인 교과서를 대충 훑어만 봐도 이 탑승권이 몇 가지 시각적 원칙을 지키지 않고 만들어졌다는 것을 알 수 있다. 그 원칙 중 하나는 정보를 우선시해야 한다는 것이다. 중요한 정보가 가장 알아보기 쉬워야 한다. 다른 하나는 항상 격자무늬 기준선을 사용해 작업해야 한다는 것이다. 기준선에 맞춰 하나로 통일해 정보를 배치하면 우리 뇌가 정보를 이해하기가 훨씬 쉽다. 모든 항목이 행 또는 열과 일렬로 정렬되면, 시각적 정보를 처리하기가 더 수월하다. 여러 항목을 알아보기쉽게 정렬할 경우, 활용할 수 있는 여백도 더 늘어나게 된다. 기준선에 맞춰정렬하기는 무언가를 더 보기 좋고 더 읽기 쉽게 만들 수 있는 가장 빠른 방법 중 하나다.

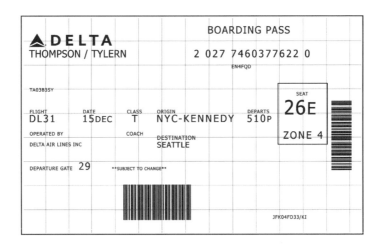

단순한 격자무늬 기준선을 적용하면, 아래와 같은 탑승권을 만들 수 있다. 완벽하지는 않다고 해도 전보다는 더 나아졌다.

타일러 톰슨Tyler Thompson이라는 실력이 출중한 한 디자이너는 자신의 탑승권을 보고 실망한 마음을 달랠 겸 연습 삼아 그 탑승권을 새로 디자인하기로 했다 [68] 많은 디자이너들이 비슷한 생각과 질문을 늘 마음에 품고 산다. '좀 더 제대로 만들면 안 되는 이유라도 있는 거야?' 디자이너들은 항상 무언가를 보고 생각하고 스케치한다. 많은 디자이너가 끊기 어려워하는 습관이다. 사실 그런 습관은 다른 무엇보다 그들을 훌륭한 디자이너를 만들어 준다. 톰슨은 마침 인기 있는 블로그를 운영하고 있었고, 그 블로그를 통해 자신의 아이디어를 팔로워들과 공유하기로 했다.

그는 가독성과 매력도를 향상시킨다는 목표를 가지고 생각해 낸 몇 가지 새로운 디자인을 선보였다. 그 중 하나가 바로 이 디자인이다.

그가 새롭게 선보인 디자인은 꽤 멋져 보인다. 문제는 바로 이런 게 '드라

---

68) 타일러 톰슨의 탑승권 실험 전체를 요약한 내용은 http://passfail.squarespace. com에서 확인할 수 있다.

이브 바이 디자인drive-by designing'이라는 것이다. 많은 디자이너들이 이런 걸 한다. 나도 한 적이 있다. 심지어 방금 전에는 격자무늬 기준선을 적용한 새로운 디자인을 여러분에게 보여 주기까지 했다. 이것이 왜 문제가 되는지 이해하기 위해 아래의 중요한 세 질문으로 다시 돌아가 보자.

- 무엇을 개선하고자 하는가?
- 누구를 위해 개선하려고 하는가?
- 당신의 디자인 결정이 옳다는 것을 어떻게 확인할 것인가?

톰슨은 고객들이나 항공사 직원들과 대화를 나눠 보지도 않고 문제가 무엇인지를 정의했다. 그가 정의한 문제들은 단지 '그'의 생각에 불과하다. 공정하게 말해서, 그는 전문가로서의 역량을 발휘하지 못했다. 그 역량을 제대로 발휘할 수 있었다면, 그런 식으로 그 문제에 접근하지는 않았을 것이다. 물론, 훌륭한 디자이너답게 그는 그 문제를 잘 추측해 냈다. 필자가 하고자 하는 말의 요점은 아무리 그럴듯한 추측이라 할지라도 추측에 불과하다는 것이다. 톰슨은 현재 고객들이 겪고 있는 문제들을 이해하기 위해 그들을 인터뷰하지도 않았다. 그의 시제품이 어떤지 사용해 보고 확인해 줄 사람들이 없었기 때문에 그가 관찰하고 배울 수 있는 기회도 없었다.

다행히 톰슨은 다른 디자이너들에게 피드백과 의견을 공유해 줄 것을 요청할 수 있었고, 그들은 그 요청에 응해 줬다. 그들은 여러 의문을 제기했고, 항공사 전문가들에게 답변을 얻기도 했다. 톰슨은 그 과정을 쭉 지켜보고 싶은 사람이면 누구나 다 관련 대화 내용을 볼 수 있도록 했다. 동료들의 진심 어린 비평은 디자이너들에게 매우 소중한 자산이 되며, 톰슨과 동료 디자이너들이 나눈 온라인 교류는 아주 좋은 예라 할 수 있다.

그러나 드라이브 바이 디자인이 톰슨의 경우처럼 유익한 피드백을 충분히 얻을 수 있는 경우는 드물다. 보통 디자이너가 자신이 가진 기술로 특정 분야에 대한 무지를 채울 수 있으리라고 판단하는 습성을 갖게 되면 위험할 수 있다. 지나치게 비판적인 드라이브 바이 디자인은 고객이나 기업이 이리를 받아 최선을 다했을 디자이너들에게 부당한 불이익을 주기도 한다. 공개적으로 나서서 자신의 디자인에 대해 해명하거나 그 디자인에 영향을 미쳤던 제약들을 설명할 수 없는 경우도 많다. 디자이너가 다른 디자이너의 디자인을 공개적으로 비판할 때에는 역지사지의 마음으로 황금률을 따라야 한다.

나중에 알고 보니, 탑승권이 그런 디자인을 가지고 있는 실제 이유는 드라이브 바이 디자인을 한 디자이너는 짐작조차 하지 못했을 프린터 때문이었다. 델타 항공은 수십 개의 탑승 게이트가 있는 수백 개의 공항에서 수천 개의 프린터를 사용한다. 프린터 대부분이 항공사들이 사용하는 노후화된 IT 인프라의 일부로 수십 년 전에 설치된 것들이다. 브뤼셀 항공의 IT 매니저인 토니 카피아우는 다음과 같이 설명했다.

탑승권의 물리적 형식을 바꾸기 어려운 건 IER400 같은 탑승권 인쇄용 프린터들을 사용해야 하기 때문이에요. 항공사가 각 공항에서 어떤 프린터를 사용할지 결정할 수 없는 상황이에요.[69]

IER400은 전 세계 공항에서 가장 인기 있는 프린터 모델로, 5만 5천 개 이상이 사용되고 있다.[70] IER400은 해상도가 낮은 흑백으로만 인쇄가 가능하고, 용지 크기가 정해져 있고, 잉크가 필요 없는 열 전사 프린터이며, 법률로 정해진 위치에 바코드를 인쇄한다.

프린터 수천 대를 업그레이드하고, 새로운 컬러 잉크를 사용하고, 기존 시스템과 신기술의 통합이 IT에 미치는 영향을 관리하는 데에만 수백만 달러가 들 것이다. 과연 그만한 가치가 있을까? 고객들이 단지 더 나은 디자인의 탑승권을 발급받겠다고 더 많은 비용을 지불하려 할까? 이러한 질문들에 답하기 위해서는 비즈니스 사고business thinking도 어느 정도 필요할 것이다. 도처에 형편없는 디자인에 실망한 디자이너들에게는 안 된 말이지만, 가끔은 더 나은 디자인도 무용지물일 때가 있다.

'보기 싫은' 탑승권 디자인에 적용된 선택 사항 중 일부는 공항 직원의 요구 사항이나 사용 사례에 꼭 들어맞는다. 사용자의 요구 사항과 사용 사례를 모르는 상태에서는 승객을 위한 문제를 해결했다고 생각하기 쉬울 것이다. 하지만 다른 사람들의 입장에서 보면 새로운 문제를 만들어 내고 있는 것일

69) Tony Capiau, "While I Was Redesigning a Boarding Pass, Paper Got Old," UX Planet, August 2, 2016, https://uxplanet.org/while-i-was-redesigning-a-boarding-pass-paper-got-old-eda92055dd29.
70) Airport Suppliers, "IER 400, Multi-functional Check-in Printer," https://www.airport-suppliers.com/product/ier-400-multi-functional-check-in-printer.

수도 있다. "난 디자이너일 뿐이야. 디자인이 잘 들어맞지 않는다면, 그건 내 잘못이 아니야."라고 말하는 디자이너가 있을 수도 있다. 그렇게 말하는 것은 "난 의사일 뿐이야. 내 치료법이 사람에게 잘 맞지 않는다면, 그건 내 잘못이 아니야."라고 말하는 것과 같다. 디자인이 사용자와 잘 맞지 않는다면, 대체 그 디자인은 누굴 위한 디자인일까? 진정한 디자인이란 아무리 골치 아픈 제약이라 해도 그것을 연구하고 그에 맞게 디자인하는 것을 말한다. 훌륭한 디자이너들은 작업을 하는 데 제약이 따르는 것을 두려워하지 않는다. 그들은 뜬구름 잡는 상상 속 문제가 아닌 현실적인 문제를 해결할 수 있기를 바란다.

드바이브 바이 디자인은 지적 훈련으로서는 괜찮지만, 그것을 현실 세계의 디자인과 혼동한다거나 그것이 실제 디자인보다 더 낫다는 식의 섣부른 판단을 하는 것은 바람직하지 않다. UIE(유지 인터페이스 엔지니어링)의 창립자인 자레드 스풀Jared Spool은 디자인은 그 디자인을 한 디자이너보다 항상 훨씬 더 크다고 말한다.[71] 디자인을 만드는 데 기여할 수 있는 유능한 인재들이 모여 있다고 해도, 그들이 가진 지식이나 능력을 유용하게 사용하기 위해서는 올바른 방향이 제시돼야만 한다. 수석 제품 디자이너 디오게네스 브리토Diógenes Brito는 "좋은 디자이너는 조력자 역할을 하면서 다른 이들이 아이디어를 다듬고 표현할 수 있도록 도와줍니다."라고 설명한다.[72] 참여 디자인 participatory design이라는 디자인 연구 방식이 있다. 참여 디자인은 사용자, 고객, 이해관계자, 디자이너, 그 외에 여러 관계자가 디자인 작업에 쉽게 참여할 수

---

71) 2017년 자레드 스풀이 UCI 도널드 브렌 정보·컴퓨터 대학에서 〈디자인은 팀 스포츠다(Design Is a Team Sport)〉라는 제목으로 강연한 프레젠테이션 영상 전체를 유튜브https://www.youtube.com/watch?v=sjTK9z5-tl4 에서 볼 수 있다.
72) 리딩 디자인 2018 (Leading Design 2018)에서 디오게네스 브리토가 〈권위 없이 팀 이끌기: 디자이너와 댄서의 리더십(Leading without Authority: Leadership as a Designer or a Dancer)〉이라는 제목으로 발표한 프레젠테이션 영상 전체를 비메오https://vimeo.com/297910836에서 볼 수 있다.

있도록 해 준다. 현명한 디자이너들은 디자인을 일종의 연구 과제라 생각하고, 작업에서 소외된 사람들을 외면하지 않고 찾아내 작업에 적극적으로 참여하도록 유도한다.

문제는 디자이너가 어떻게 모든 관점을 하나로 종합하고 최선의 결정에 대한 동의를 이끌어 내느냐다. 답은 소통할 수 있는 분위기를 조성하고 누가 조언을 하고 누가 결정을 할 것인지를 명확히 하는 것이다. 영화감독은 시나리오 작가, 배우, 제작자, 특수 효과 아티스트, 그 외에 여러 전문가의 의견을 모두 수렴하지만 감독이 누구인지는 누구나가 다 알고 있는 사실이다. 맞다, 사공이 많으면 배가 산으로 갈 수 있다. 그렇지만 사공이 너무 적은 것도, 더 정확히 말해서, 오만하고 고집 센 사공 몇 명이 다른 동료들과 소통하지 않고 제멋대로 배를 몰고 가는 것도 위험하기는 매한가지다.

다음에 실망스러운 디자인을 발견하게 되면, 어떻게 해서 그런 디자인이 나오게 됐는지 먼저 질문해 보기 바란다. 우리가 보고 경험하는 디자인은 한 디자이너가 그 디자인을 만들어 내기까지 어떻게든 완수하고 해결해야 했던 수많은 디자인 업무, 조직적 문제, 기술적 문제 전체를 두고 생각하면 빙산의 일각에 불과하다.

- 디자이너가 직면했을지 모를 숨겨진 제약에는 어떤 것들이 있을 수 있을까?
- 어떤 기술적·조직적·경제적 제약이 디자인 선택에 영향을 미쳤을까?
- 디자인 선택을 내리면서 무엇을 얻고 무엇을 잃었을까?

- 나는 사용자인가, 고객인가, 아니면 둘 다인가?

- 이 디자인은 나 외에 어떤 사용자나 고객을 위해 디자인됐을까?

- 오늘 사용한 것들 중 디자인이 너무 훌륭한 나머지 어떤 불편함도 느끼
  지 못하고 사용한 것들이 있을까?

13
아이디어와
시스템

How Design Makes the World

**How
Design
Makes
the
World**

미국을 포함한 많은 국가에서 가장 끔찍한 장소 중 한 곳은 바로 차량관리국(DMV)이다. 줄이 길게 늘어서 있고, 갖춰야 할 요건이나 형식은 사람을 갑갑하게 한다. 차량관리국에서 근무하는 직원들은 예상 대기 시간을 알려 주는 디스플레이나 플라시보 버튼도 없이 꿈쩍도 않는 긴 줄을 서 있는 사람들만큼 불행해 보인다. 왜 이렇게 된 걸까? 차량관리국 사무실이 처음부터 그런 보기 싫은 카펫과 눈부신 형광등으로 가득한 모습은 아니었을 것이다. 어떤 한 디자이너나 디자인 팀이 그들의 사무실을 디자인했을 것이고, 시간이 지나면서 오늘날 우리가 실망스러운 경험을 하는 장소로 진화했을 것이다. 지금은 실망스러운 것 투성이지만 처음에는 그것들이 어떤 문제를 해결하기 위한 방편이었을 수도 있다. 작은 해결책들은 시간이 지나면서 오히려 더 어렵고 새로운 문제를 만들어 내기도 한다.

무턱대고 차량관리국 직원들을 비난하기가 쉬운데, 그건 잘못된 판단이다. 직장인 대부분은 일 잘하는 사람이 되고 싶어 한다. 우리 인간은 많은 결함을 가지고 있는 게 사실이지만, 아무리 그래도 일부러 나쁜 일을 하거나 고의로 사람들을 화나게 만들지는 않는다. 그렇다면 그 원인은 조직 내부의 근본적인 문제일 가능성이 크다. 간단히 말해서, 어떤 한 조직이 결정을 내리는 데 서툴다면, 그들이 디자인 결정을 내릴 때에도 상황이 별반 다르지 않을 것이다.

조직이 가지고 있는 훌륭한 아이디어를 세상 밖으로 끌어내리면, 세 가지 유형의 조직 문제를 극복할 수 있어야 한다.

1. **역기능에 의한 디자인.** 여러분이 경험하는 거의 모든 제품, 서비스, 이벤트는 팀에 의해 만들어졌다. 문제는 많은 팀의 팀원들이 서로 잘 맞지 않는 경우가 발생한다는 점이다. 패트릭 렌시오니Patrick Lencioni는 그의 명저 《팀의 다섯 가지 역기능The Five Dysfunctions of a Team》에서 팀이 제대로 화합하지 못하는 이유 다섯 가지가 신뢰의 부재, 갈등에 대한 두려움, 헌신의 부재, 책임 회피, 결과에 대한 무관심이라고 강조한다.[73] 혹시 이 다섯 가지 이유가 익숙하게 들리는가? 아무리 능력이 출중한 사람도 제대로 기능하지 못하는 팀에서는 그 능력을 발휘하기가 어렵다.

2. **위원회에 의한 디자인.** 위원회는 본질적으로 그 어떤 것보다 합의를 중

---

73) Patrick Lencioni, The Five Dysfunctions of a Team: A Leadership Fable (Jossey-Bass, 2002).

요시한다. 위원회에서는 전문가와 비전문가가 동일한 권한을 행사하기 때문에 그 집단이 지나치게 많은 결정을 내리게 될 경우, 의사 결정의 질이 떨어질 수밖에 없다. 현명한 조직들은 이 같은 위원회 제도가 의사 결정을 내리기 위한 여러 도구 중 하나에 불과하다는 사실을 잘 알고 있다. 디자인 결정을 주도할 자율적이고 전문화된 팀을 조직하는 게 가장 일반적인 해결책이라 할 수 있다.

3. **규제에 의한 디자인.** 일부 산업의 경우, 그들이 할 수 있는 것들을 제한하는 법의 영향을 받는다(특정 문제를 해결하기 위해 마련된 규제가 정작 그 문제를 해결하지 못하는 경우도 있다). 대부분의 조직은 시간이 흐름에 따라 자연스럽게 더 많은 규칙들을 만들어 낸다. 그러다가 어느 순간 그 규칙들이 큰 부담으로 작용하면서, 그 어떤 아이디어도 그 부담을 뚫고 세상 밖으로 나가지 못한다.[74] 일을 진행하는 데 더 많은 승인이 필요할수록 더 많은 마찰이 발생하게 된다.

이에 대해 생각해 볼 수 있는 한 가지 방법은 조직은 하나의 시스템이라는 사실을 이해하는 것이다. 시스템이란 상호 작용하는 것들의 집합체다. 시스템 전체를 놓고 사고하는 것과 한 부분에 초점을 맞춰 사고하는 것은 전혀 다르다. 또 개별적인 부분만을 고려할 때, 어떤 한 부분에 문제가 생기면 그 부분에만 문제가 있을 것이라고 생각하기 쉽다. 그러나 시스템 측면에서 사고하게 될 경우에는 더 많은 질문들이 생길 수밖에 없다. 다른 부분들이 이 부분과 어떤 상호 작용을 하기에 이러한 결과가 나왔을까? 또 각 부분이 서로

---

74) Dan Hill, Dark Matter and Trojan Horses: A Strategic Design Vocabulary (Strelka Press, 2014).

긍정적인 영향을 미치며 상호 작용할 수 있도록 시스템을 변경할 수 없을까?

우리는 사과 씨 한 줌을 시멘트 길에 뿌려 놓고 그 씨앗이 자라기를 바랄 수 없다는 것을 잘 알고 있다. 식량을 재배하기 위한 시스템이라 할 수 있는 정원을 만든다면 사과를 수확할 확률이 더 높아질 것이다. 우리가 선택한 장소의 일조량, 우리가 구입한 흙의 종류, 씨앗에 물을 주는 방법이나 횟수 등 모든 것이 식량을 재배하는 시스템의 디자인에 영향을 미친다. 우리는 모든 것을 시스템에 빗대어 생각해 볼 수 있다. 또 시스템의 관점에서 문제를 새롭게 정의하면 그 문제를 더 쉽게 해결할 수 있는 통찰력을 얻기도 한다.

조직은 시스템과 같아서 한 가지만 바꿔서는 충분하지 않을 수 있다. 여러분이 사는 지역의 차량관리국에 근무하는 리더들을 리우데자네이루의 코파카바나 해변에 있는 최고급 리조트인 호텔 에밀리아노^{Hotel Emiliano}를 관리하는 아주 탁월한 디자이너들로 교체한다 해도 시스템을 바꾸기에는 충분하지 않을 수 있다(디자이너들이 차량관리국에서 일하는 데 필요한 관련 분야 지식을 마법처럼 순식간에 통달하게 된다고 해도 마찬가지다). 조직 시스템의 핵심 부분이라 할 수 있는 예산, 문화, 직원, 인센티브가 바뀌지 않는 한, 그 조직의 시스템이 만들어 내는 결과물 역시 바뀌지 않을 것이다. 보통 조직들은 큰 문제들을 해결하기 위해 거물급 인사들을 고위 임원으로 투입하는 '회전문 인사'를 하곤 하지만, 얼마 못 가 그들은 그 자리를 떠난다. 그들에게는 현행 시스템을 바꿀 수 있는 충분한 권한이 주어지지 않기 때문이다(누군가는 현상 유지를 통해 이득을 보기도 한다는 사실을 감안하면, 권한의 문제라기보다는 설계상의 문제일 수도 있다).

이와 관련된 한 가지 함정은 보통 어떤 산업을 위한 법률이나 조직의 정책은 시스템의 관점에서 생각하고 마련되는 것이 아니거나, 그런 법률 또는 정책 시스템이 실제로 어떤 결과를 불러올지 충분한 고민을 하지 않고 만들어진다는 것이다. 브라이언 로손Bryan Lawson은 그의 저서 《디자이너는 어떻게 사고하는가How Designers Think》에서 이렇게 설명한다.

법률은 디자인하는 게 일인 사람들보다 확인하고 조사하는 게 일인 사람들에게 편리하도록 만들어졌다. 확인하는 사람은 가급적 숫자와 관련이 있거나 증거로 쉽게 사용할 수 있는 간단한 검사 방식을 필요로 한다. (…) 또한 번에 한 가지 이상을 고려할 필요가 없는 것을 선호한다. 말할 것도 없이 디자이너는 그와는 정반대의 것을 필요로 하기 때문에 법률로 인해 디자인 작업을 하기가 더 어려워지는 경우가 많다.[75]

사람들이 그 메트릭스가 의도하는 결과를 얻기 위해 노력하기보다는 개인적인 이득을 취하기 위해 측정치를 가지고 놀다시피 하는 메트릭스metrics나 핵심 성과 지표KPI의 강박적인 사용은 일종의 함정과 비슷하다. 이런 관점에서 보면, 차량관리국 일선에서 근무하는 직원들은 개선 방안에 대한 훌륭한 아이디어를 가지고 있었을지 모르지만, 그 아이디어를 실현해 줄 대행사가 없다는 것을 쉽게 알 수 있다. W. 에드워즈 데밍W. Edwards Deming은 "형편없는 시스템은 늘 훌륭한 사람들을 꼼짝 못하게 만든다."고 했다.[76] 창의적이지만 관심을 받지 못한 직원들은 결국 포기하고 만다. 그런 식으로 조직은 자기만족

75) Bryan Lawson, How Designers Think: The Design Process Demystified (Architectural Press, 2005).
76) John Hunter, "A Bad System Will Beat a Good Person Every Time"에서 재인용, The W. Edwards Deming Institute, blog post, February 26, 2015, https://blog.deming.org/2015/02/a-bad-system-will-beat-a-good-person-every-time.

적이 된다. 그러한 조직 문화에서는 변화를 두려워하는 사람들의 안전은 보장하는 한편 진보주의자들은 배척한다. 충분한 권력을 가진 사람들이 발전을 꾀하는 데 그 힘을 쓸 때에만 상황이 개선될 수 있다.

여러분은 어쩌면 이런 생각을 할지도 모른다. '이런 게 디자인이랑 무슨 상관이야?' 조직도 디자인된다는 사실을 잊기 쉽다. 어떤 사람이 창업을 하고 목표, 구조, 예산 등을 정할 때, 본인이 그 사실을 알고 있든 모르든 그는 자신의 조직을 디자인하고 있는 것이다. 직원을 해고하고, 고용하고, 정책을 개정하는 모든 행위는 조직이 하고자 하는 일의 성격이나 역할을 변화시킨다. 조직 디자인 전문가 아서 존스^{Arthur Jones}의 말을 인용하면, 모든 조직은 "그 조직이 현재 이뤄낸 결과에 걸맞은 구조로 디자인돼 있다." 조직이 새로운 목표 설정을 하게 될 경우, 그 새로운 목표를 염두에 두고 조직을 다시 디자인해야 할 수도 있다.

좋은 아이디어를 갖고 있는 사람들이 성공을 하고 못하고는 협력할 동료를 찾아내고, 상대방을 설득하고, 원칙과 문화적 가정^{cultural assumption}을 통해 앞으로 나아갈 수 있는 그들의 능력에 달려 있다. 여러분이 좋은 경험이나 나쁜 경험을 할 때 디자이너의 스타일을 칭찬하거나 비판하기 쉽지만, 사실 그 디자인의 근본은 그 디자이너를 고용한 조직의 성격에 있을 수도 있다.

14
디자인은
디자인 팀을
담고 있다

How Design Makes the World

○

How
Design
Makes
the
World

　내가 국제 첩보 요원이 사용할 스마트 시계를 만들어 달라고 부탁한다면, 당신은 만들어 줄 수 있겠는가? 당신은 오른쪽에서 왼쪽으로 읽는 아랍어를 포함해 적어도 7개 국어를 구사할 줄 아는가? 당신이 디자인한 스마트 시계가 7개 국어로 아무 문제없이 작동하는지 확인해 줄 수 있는가? 크라브 마가 (Krav Maga, 현대 호신술 중 하나다_옮긴이), 주짓수, 유도를 배운 적이 있는가? 스마트 시계가 자기 방어를 하는 데 방해가 되지 않으리라는 것을 보장할 수 있는가? 스카이다이빙, 심해 다이빙, 행글라이딩 경험이 있는가? 첩보 요원이 등장하는 액션 영화에나 나올 법한 활동이 아닌 모든 범위의 현실적인 활동을 할 때 시계가 문제없이 작동하는지 확인할 수 있는가? 첩보 요원의 삶은 디자이너들이 알고 있는 세상과 전혀 다르기 때문에 아무리 탁월한 디자이너라고 해도 이 시계를 만드는 작업은 매우 힘든 작업이 될 것이다.

현재 미국에서 활동 중인 디자이너의 약 70퍼센트가 백인이다.[77] 그리고 대부분 기업에서 권력을 잡고 있는 대다수가 남성이다.[78] 필자 역시 백인 남성이지만 인류의 절반은 남성이 아니고, 지구상에 존재하는 인구 대부분, 즉 약 70퍼센트는 백인이 아니라는 점을 잘 알고 있다.[79] 책이든 스마트 시계든 좋은 것을 만들기 위해서는 그것을 사용할 사람 대부분이 나와 꼭 비슷하지 않을 수 있다는 사실을 알아야 한다. 책에 대한 잘못된 가정을 바탕으로 디자인을 하게 되면 그 책 디자인 하나의 문제로 끝날 수도 있지만, 보행자들이 사용하는 인도, 소프트웨어 제품, 법률 등을 디자인하고 만드는 사람이 그런 실수를 한다면, 많은 사람에게 상당히 부정적인 영향을 미칠 수 있다.

캐롤 E. 라일리Carol E. Reiley는 로봇공학 박사 과정을 밟고 있던 중에 수술용 로봇을 음성 인식으로 작동할 수 방법을 개발했다.[80] 문제는 당시 라일리가 사용했던 마이크로소프트의 음성 인식 소프트웨어가 그녀의 목소리를 인식하지 못한다는 것이었다. 그 음성 인식 소프트웨어를 만든 팀원들은 모두 남성이었다. 그들은 자기 목소리를 사용해 그 소프트웨어를 훈련시켰다. 라일리가 그 소프트웨어를 사용하려면 어쩔 수 없이 목소리를 저음으로 낮춰야만 했다. 정말 기운 빠지는 일이었을 것이다.

물론 그 소프트웨어를 만든 사람들이 일부러 그렇게 만들었을 리는 없다.

77) Meg Miller, "Survey: Design Is 73% White," Fast Company, January 31, 2017, https://www. fastcompany.com/3067659/survey-design-is-73- white.
78) Zameena Mejia, "Just 24 Female CEOs Lead the Companies on the 2018 Fortune 500-Fewer Than Last Year," CNBC, May 21, 2018, https://www. cnbc.com/2018/05/21/2018s-fortune-500-companies-have-just-24- female-ceos.html.
79) 100 People Foundation, "A World Portrait," https://www.100people.org/ statistics_100stats.php.
80) Carol Reiley, "When Bias in Product Design Means Life or Death," Tech- Crunch, November 16, 2016, https://techcrunch.com/2016/11/16/when- bias-in-product-design-means-life-or-death.

그들은 그저 그 프로젝트를 완성하기 위해 최선을 다하고 있었다. 자원봉사자를 찾는 것보다 자신들이 직접 테스트하는 것이 더 쉬웠기 때문에 그렇게했을 뿐이다. 그런데 그 소프트웨어의 사용자인 라일리는 결국 자신의 프로젝트를 본인이 직접 설명할 수 없었다. 자신이 목소리를 빼앗긴 상황이나 다름없었다.

이 같은 상황은 《미스매치: 포용은 어떤 디자인을 만들어 내는가 Mismatch: How Inclusion Shapes Design》의 저자 캣 홈즈 Kat Holmes 가 설명한 배제 습관 exclusion habit 이라는 개념과 그 맥을 같이 한다. 배제 습관이란 과거에는 효과가 있었던 것처럼 보이지만, 현재 당신이 만들어 내고 있는 문제를 볼 수 없게 만드는 가정의 패턴을 말한다. 디자인 및 제품 리더십 전문가인 킴 굿윈 Kim Goodwin 이 말한 것처럼, 아무리 선량한 사람도 자신이 "한 번도 보고 들은 적이 없는 유형의 해악은 상상하지 못한다."[81] 책임 있는 창작자들은 무심코 누군가를 배제하는 일이 발생하지 않도록 노력하지 않는 한 자신들이 다른 사람들을 어떤 식으로든 제외할 수 있다는 사실을 인정해야만 한다. 닐스 볼린의 안전벨트와 수십 년의 자동차 안전 개선에도 불구하고, 오늘날 여성이 남성보다 자동차 충돌 사고에서 부상을 입을 확률은 50퍼센트나 더 높다. 이는 충돌 시험용 인체 모형이 여전히 남성의 해부학적 구조에 기초하고 있기 때문이다.[82] 안타깝게도, 많은 산업 분야의 표준 작업 지침서 standard operating procedure 가 배제 습관을 그 안에 감추고 있다.

---

81) Kim Goodwin, "Organization as a Designed System," live lecture at the From Business to Buttons conference, Stockholm, Sweden, May 2019.
82) Sarah Holder, "A Clue to the Reason for Women's Pervasive Car-Safety Problem," CityLab, July 18, 2019, https://www.citylab.com/ transportation/2019/07/car-accident-injury-safety-women-dummy- seatbelt/594049.

배제 습관을 피하는 가장 좋은 방법은 간단하다. 팀의 다양성이 더 높아질수록 팀 내에서 더 많은 관점과 아이디어를 공유하고 논의할 수 있다. 그러한 다양한 관점은 고객 조사를 실시하기도 전에 팀원들이 내리는 모든 결정에 영향을 미치게 될 것이다. 음성 인식 소프트웨어 개발팀에 여성이 단 명이라도 있었더라면 라일리가 겪어야 했던 문제가 바로 수면 위로 떠올랐을 것이다.

가끔 디자이너들은 여러 집단에 자원을 균등하게 분배함으로써 포용적인 디자이너가 되고자 노력하지만, 그런 노력에는 또 다른 문제가 뒤따를 수 있다. 보통 공항이나 경기장 같은 공공장소의 남녀 화장실은 비슷한 크기로 만들어지는 것이 일반적이다. 그런데 이 글을 읽고 있는 여성 대부분은 물론이고 많은 사람이 이미 알고 있겠지만, 남자 화장실보다 여자 화장실의 줄이 더 긴 경우가 많다. 그 원인은 여성이 화장실에서 평균적으로 더 많은 시간을 보내기 때문인데, 거기에는 다 그럴 만한 이유가 있다.[83] 균등성과 형평성은 서로 다르다. 단순히 무엇을 균등하게 나눈다고 해서 모든 사람이 꼭 합당한 대우를 받게 되는 것은 아니다.

보통은 남성이 아닌 여성이 자기 자녀나 노부모와 함께 화장실에 들어가 그들을 도울 가능성이 높다. 또 생리 기간에는 생리대나 탐폰을 찾아 교체하는 등 위생 관리가 필요하다. 여성들은 손을 자주 씻는 경향이 있고(사회 전체에 이로운 일이다), 옷을 더 많이 껴입는 경우가 많아서 옷을 벗었다 다시 입는 데에도 더 많은 시간이 걸린다. 더 나은 디자인이 있다고 해도, 누군가

83) Lisel O'Dwyer, "Why Queues for Women's Toilets Are Longer Than Men's," The Conversation, August 23, 2018, https://theconversation.com/why- queues-for-womens-toilets-are-longer-than-mens-99763.

는 권력을 가진 결정권자들이 그 디자인이 가진 장점을 볼 수 있도록 설득해야 한다(예컨대, 성 중립적 화장실은 모두에게 더 효율적이고 트랜스젠더에게는 더 안전하다).[84]

이 책 앞부분에서 우리는 토르의 망치와 어째서 그 망치가 토르에게는 훌륭한 디자인이고, 다른 모든 사람에게는 좋지 않은 디자인인지를 살펴봤다. 여기에서 우리는 토르의 관점을 능력 편향ability bias이라는 개념으로 설명할 수 있다. 능력 편향이란 우리가 할 수 있는 것을 다른 모든 사람이 할 수 있다고 가정하는 것을 말한다. 우리 모두가 토르와 같다. 어쩔 수 없이 우리 모두가 그렇게 생각하게 된다. 우리는 우리가 당연시하는 자신의 키, 힘, 시력, 재주, 그 외에 다른 여러 개인적 특징이 우리가 만든 것을 사용할 사람들과 얼마나 어떻게 다를지 곰곰이 생각해 보지 않는다.

인종과 성별 이 두 가지 외에도 디자이너들이 고려해야 할 사항은 많다. 인간의 10퍼센트는 왼손잡이고, 13퍼센트는 색맹이고, 61퍼센트는 안경을 쓰며(이 중 4퍼센트는 중증 시각 장애를 가지고 있다), 15퍼센트는 신체장애를 가지고 있다.[85] 이러한 것들 말고도 더 많은 것들이 있다. 다른 사람들의 경험을 고려하지 않는 디자이너들은 결국 사람들을 배제하는 디자이너가 되고 만다.

---

84) Luc Bovens and Alexandru Marcoci, "To Those Who Oppose Gender- Neutral Toilets: They're Better for Everybody," The Guardian, December 1, 2017, https://www.theguardian.com/comment isfree/2017/dec/01/gender-neutral-toilets-better-everybody-rage-latrine-trans-disabled.

85) World Health Organization, "Global Data on Visual Impairments 2010," pdf fact sheet, https://www. who.int/blindness/GLOBALDATAFINALforweb. pdf; see also the World Bank, "Disability Inclusion," https://www. worldbank.org/en/topic/disability.

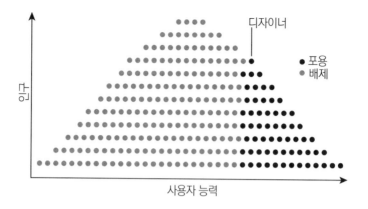

우리가 늘 마주하고 있는 함정 하나는 바로 우리가 익숙한 것을 좋아한다는 것이다. 우리는 이미 알고 있는 사람들을 생각나게 하는 사람들과 시간을 보내는 경향이 있다. 우리는 온라인, 학교, 직장에서 주로 우리와 비슷한 사람들과 어울리고는 다시 우리와 비슷한 사람들이 살고 있는 집으로 돌아간다. 가족들을 만나러 가면 또 어떨까. 여러분이 입양이 됐거나 여러분의 가정이 다문화가정이 아니라면, 삼촌, 이모, 사촌 대부분이 세상의 그 어떤 사람들보다 더 여러분과 닮은 사람들일 것이다. 이러한 모든 상황이 익숙하거나 익숙하지 않은 것에 대한 편향을 심화시킨다. 이 같은 편향은 자기만족적인 동시에 제한적인 행동 양식이라 할 수 있다.

많은 조직이 직원을 뽑을 때 '조직 문화 적합도culture fit'를 확인하고 있으며, 구직자가 그 조직의 업무 환경에 얼마나 잘 적응할 수 있는지를 중요하게 생각한다. 이 같은 생각은 사실 위험할 수 있다. 조직 문화 적합도가 일을 잘하고 싶은 욕구나 업무에 도움이 되는 기술을 의미한다면 하나의 기준이 될 수도 있겠지만, 다른 사람을 맞지 않는 사람으로 혼동하기가 너무 쉽다. 다르다고 해서 맞지 않는 것은 아니다. 우리가 느끼기에 익숙하지 않을 뿐이다. 우리와 다른 이들에게 기회를 준다면 그들은 그 결정에 고마워할 것이다. 세상의 모든 위대한 일도 한때는 모두 새롭고 낯선 것들이었다.

일할 능력과 자격을 갖췄지만 우리와 다른 사람들, 오히려 그런 사람들이 업무에 도움이 되는 신선한 사고방식을 가지고 있을 수도 있다. 그들은 다른 사람들은 쉽게 알아차리지 못한 중요한 점들을 포착해 낼 것이다. 혁신의 핵심 요인은 한 영역에서 다른 영역으로, 또는 한 문화에서 다른 문화로 아이디어를 전달하고 공유하는 것이다. 독서와 여행은 우리의 지적 다양성을 한 단계 더 높여 주기도 하지만, 암암리에 다양한 관점을 자신이 하는 모든 일에 투영시킬 줄 아는 사람들과 일하는 데에서 얻을 수 있는 장점에 비하면 독서와 여행은 아무것도 아니다.

포용을 위한 디자인은 놀라운 혜택을 가져온다. 만약 여러분이 자막과 함께 동영상을 본다면, 자막 방송이 청각 장애를 가진 사람들을 돕기 위해 발명됐다는 것을 알아야 한다. 도로와 도로경계석 사이를 완만하게 연결해 주는 작은 경사로^{curb cuts} 역시 대표적인 사례 중 하나로 꼽을 수 있다. 원래 그 작은 경사로는 휠체어를 탄 사람들이 길을 쉽게 건널 수 있도록 하기 위해 설치됐지만, 자전거, 스케이트보드, 유모차를 끌고 다니는 사람들도 편리하게 이용하게 됐다. 심지어 세그웨이를 타고 이동하는 사람들에게도 도움을 주고 있다.

　헨리 드레이퍼스Henry Dreyfuss는 20세기 중반을 대표하는 전설적인 제품 디자이너였다. 드레이퍼스에 관한 한 가지 놀라운 사실은 그의 성공이 리서치와 같은 다양한 기술을 작업 과정에 도입한 덕분이었다는 것이다. 그는 자신의 진공청소기, 자명종, 전화기를 구입해야 하는 이유는 바로 그 디자인에 있다고 세상 사람들을 설득한 공로로 찬사를 받는다. 하지만 그의 이야기의 가장 큰 특이점은 그가 사람들을 연구하는 데 헌신했다는 사실에 있다. 미숙한 디자이너와 연구원은 서로 잘 지내기 위해 애를 쓴다. 디자이너는 자신이 직관적인 사람이라고 생각하고, 연구원은 자신이 데이터를 신뢰하는 사람이라고 생각하기 때문이다. 드레이퍼스는 디자이너와 연구원을 하나로 합쳐 놓은 것 같은 사람이었다. 그는 직관과 데이터 그 두 가지를 모두 필요로 했다. 직관과 데이터는 상호보완적이었다.

드레이퍼스는 상상 속에 존재하는 사람을 위한 디자인은 하고 싶지 않았다. 그는 현실 속의 사람들은 뭔가 다른 점을 가지고 있었고, 그가 대중을 위한 제품을 만들려면 그 미묘한 차이를 이해하는 게 무엇보다 중요하다는 사실을 알고 있었다. 드레이퍼스는 "제품과 사람 사이의 접점에서 마찰이 발생하면, 그 디자이너는 디자인을 잘못한 것이다."라고 쓰기도 했다.[86] 그는 시제품을 만들고 시험하는 과정을 반복하면서, 고객들이 제품을 사용하는 모습을 관찰하고 무엇이 잘못됐는지 연구하는 방식을 고집했다. 또 그는 자신의 고객들이 어떤 경험을 하는지 직접 체험해 봐야 한다고 주장했다.

나는 옷을 세탁하고, 요리하고, 트랙터를 몰고, 디젤 기관차를 운전하고, 거름을 뿌리고, 진공청소기로 러그를 청소하고, 장갑차를 타 봤다. 또 재봉틀, 전화 교환기, 옥수수 수확기, 리프트 트럭, 터릿 선반, 라이노타이프linotype

---

86) 이 인용구와 아래에 뒤따라 나오는 인용구 모두 헨리 드레이퍼스의 《사용자를 위한 디자인(Designing for People)》(Allworth, 2012)에서 발췌했다.

175

를 사용해 보기도 했다. (…) 하루 동안 보청기를 착용했을 때에는 거의 아무 것도 듣지 못했다.

드레이퍼스는 그런 노력이 도를 넘어 지나친 시도가 되지 않도록 조심했다. 그는 그의 '일일 체험' 방식의 연구가 그 활동을 매일 몇 년에 걸쳐 하는 사람들의 경험을 대신할 수 없다는 사실을 잘 알고 있었다. 그러한 연구 방식은 그가 만든 제품을 사용할 사람들을 관찰하는 것에서 더 나아가 그들을 이해하기 위한 또 하나의 방식일 뿐이었다. 그는 말로만 공감을 외치지 않고, 자기 자신은 물론이고 자기 팀이 적극적으로 연구하고 몸소 체험하면서 배워 나가길 바랐다.

게으른 디자이너들이 어쩌다 데이터를 사용할 경우에는, 보통 신체 치수와 관련된 평균값을 사용하곤 했다. 그러나 드레이퍼스는 평균적인 사람 같은 것은 없다는 사실을 알고 있었다.[87] 그래서 그는 팔 길이, 손가락 힘 등 각 범위 내에서 움직이는 인체의 신체적 특징을 측정하는 데 주력했다. 드레이퍼스는 디자인 연구, 즉 인간의 특성을 고려한 디자인 연구를 수행한 선구자였다. 디자인 연구에 상당한 투자를 해야 했지만, 그러한 적극적인 투자 덕분에 그의 회사는 시장에서 전략적 우위를 점할 수 있었다. 또 드레이퍼스는 인체 측정과 관련된 그의 데이터가 담긴 명저《인체 측정The Measure of Man and Woman: Human Factors in Design》을 출간하기도 했다. 출간 당시에는 성적 편향과 관련해 문제가 있다는 지적을 받기도 했지만, 수십 년에 걸쳐 변화한 인간의 신체 변화

---

87) Todd Rose, The End of Average: How We Succeed in a World That Values Sameness (HarperOne, 2016).

를 반영하기 위해 정기적으로 업데이트됐다.

어떤 디자이너들은 데이터에 반감을 표한다. 그들은 본능에 충실한 작업 방식과 같은 창작의 낭만을 원한다. 그런 환상 속에서 길을 잃은 사람들은 데이터가 창의성을 망칠 수 있다고 믿지만, 디자인의 창의성에 독이 되는 것은 오히려 드라이브 바이 디자인이다. 만약 그들이 예술 작품을 만드는 것이라면, 자신의 직감만 따라도 괜찮을 것이다. 그러나 제대로 된 스마트 시계나 공평한 화장실을 만들기 위해서는 사려 깊은 데이터 사용이 디자인 과정의 일부가 돼야 한다.

15
생각하는
방식이
중요하다

How Design Makes the World

How
Design
Makes
the
World

여러분이 가장 좋아하는 시험은 어떤 유형인가? 물론 시험 보는 것을 좋아할 사람은 아무도 없겠지만, 만약 여러분의 인생이 걸린 시험을 치러야 한다면 객관식 시험과 주관식 시험 중 어떤 유형을 택하겠는가? 대부분 사람이 단순한 인지적 이유로 객관식 유형을 선호한다. 우리 뇌는 기억을 불러오는 일(재생기억)보다 주어진 정보를 인식하는 일(재인기억)을 더 쉽게 처리한다(이 같은 현상을 재인기억 vs 재생기억recognition vs. recall이라는 개념으로 설명하기도 한다). 오지선다형 문제를 풀 때 우리 뇌는 우리가 가지고 있는 특정 기억과 비교할 수 있는 샘플을 갖게 되면서 떠올려야 할 기억의 범위가 좁아진다. 그런데 그러한 샘플이 아예 없는 주관식 문제를 풀 때에는 떠올려야 할 기억의 범위가 넓어지므로 우리 뇌가 훨씬 더 열심히 사고해야 한다.

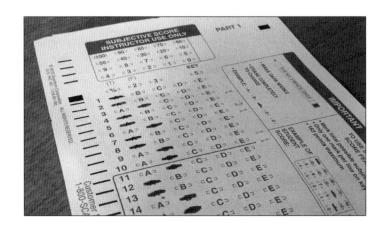

이 개념과 관련된 또 다른 예가 바로 이름의 사용이다. 인류가 진화해 온 역사에 비춰볼 때, 이름은 세상에 나온 지 얼마 안 된 발명품이라 할 수 있다. 30만 년의 인류 역사에서 우리가 이름을 갖게 된 것은 3만 년도 채 되지 않는 것으로 보고 있다.[88] 우리 대부분은 사람들의 얼굴을 인식하는 데에는 별 문제가 없다. 우리가 이름을 사용한 시간보다 훨씬 더 오랫동안 얼굴 인식을 해 왔기 때문이다. 그런데 얼굴과 이름을 매치시키는 일은 단순히 얼굴만 인식하는 일보다 더 어렵다.[89] 이해를 돕기 위해, 마지막으로 파티에 참석해 그날 처음 본 사람들과 대화를 나눴던 기억을 한번 떠올려 보자. 아마도 몇 분 정도 지나고 나서는 그들의 이름이 잘 기억나지 않았을 것이고, 미안하고 당황스러운 마음에 그들과의 대화를 피했을 것이다(우스꽝스러운 상황이 아닐 수 없다. 그날 그들이 들려준 이야기를 기억하고 있다면, 사실 그 내용을 기억하는 것이 그들이 태어나기 전 그들의 부모가 마음대로 정했을 일련의 임

---

88) Robert Krulwich, "Who's the First Person in History Whose Name We Know?" National Geographic, August 19, 2015, https://www.nationalgeographic. com/science/phenomena/2015/08/19/whos-the-first-person-in- history-whose-name-we-know.
89) Adam Hadhazy, "Why Do We Remember Faces but Not Names?" Science Friday, June 10, 2013, https://www.sciencefriday.com/articles/why-do- we-remember-faces-but-not-names.

의적 음절을 기억하는 것보다 더 의미 있는 일이다).

그럼 이번에는 파티 주최자들이 파티 참석자 전원의 이름과 사진을 소셜 미디어에 게시했다고 가정해 보자. 만약 여러분이 이름과 얼굴을 서로 매치시킬 수 있다면, 이름을 기억해 낼 확률은 더 높아진다. 우리 뇌는 샘플이 있을 때 더 잘 작동하고, 디자이너들은 이 사실을 잘 알고 있다. 훌륭한 디자이너는 컴퓨터가 여러분을 대신해 기억할 수 있는 것들은 굳이 여러분이 기억하게 만들지 않는다(비밀번호는 예외로 하자).

고급 레스토랑에서는 웨이터가 고객이 주문하는 메뉴를 외우도록 함으로써 나쁜 디자인의 예를 적나라하게 보여 준다. 이는 재인기억이 재생기억보다 더 쉽다는 원칙에 위배되는 행위이며, 그로 인해 얻는 혜택도 거의 없다. 메뉴를 받아 적든 외우든, 어쨌든 간에 결국 음식은 나오겠지만 웨이터가 여러분이 주문한 메뉴를 받아 적지 않을 경우에는 음식을 기다리는 동안 주문이 제대로 들어간 건지 궁금하고 염려가 될 수 있다. 근사한 레스토랑이라는 스타일 메시지를 보낼 의도인지는 모르겠으나, 스타일 메시지는 저녁 시간 내내 열심히 일하는 웨이터들에게 기억력을 자랑하는 서커스 묘기를 강요하지 않고도 얼마든지 보낼 수 있다.

레스토랑은 디자인을 공부하기에 아주 훌륭한 장소다. 그곳에서는 실용성보다는 스타일이나 문화를 기준 삼아 많은 결정을 내린다. 메뉴판에 들어가 있는 사진은 그 음식을 더 잘 이해할 수 있게 해 주지만, 레스토랑에서는 그런 사진을 조잡한 것으로 여기는 경향이 있다. 사진이 없는 메뉴판을 보고 주문한 음식이 완성돼 나왔을 때, 기분 나쁘게 놀란 적이 있지 않은가? 보통 메뉴판을 보면 크기가 작고 대비가 낮은 글씨체로 적혀 있는데, 메뉴는 감상용이 아니라 읽을 목적으로 만들어진 것이라는 사실을 아무래도 잊은 듯하다. 가끔 음식 그 자체도 실용성이 떨어져 먹기 힘들 때가 있다. 이것저것 잔뜩 채워 넣은 20달러짜리 햄버거를 주문하기라도 하면, 속 재료를 여기저기 흘려 가며 엉망이 된 햄버거를 먹어야 한다. 앤서니 보데인의 완벽한 버거를 위한 십계명 중 하나를 깨뜨리지 않고는 먹기 힘들다.[90]

인지 심리학에서 나온 개념인 재인기억 vs 재생기억은 우리에게 유용한 지침이 될 수 있으며, 이 외에도 더 많은 것들이 있다. 대부분 사람이 빼놓지 않고 이야기하는 간단한 원칙 중 하나는 바로 더 많은 생각을 불러일으키는 디자인일수록 더 나쁜 디자인이라는 것이다. 퍼즐 게임이나 보안 장치를 디자인하는 게 아닌 이상 여러 생각이 들게 만드는 디자인은 훌륭한 디자인이 아닐 가능성이 크다.

스티브 크룩Steve Krug은 좋은 웹 사이트 디자인에 관한 책《사용자를 생각하게 하지 마!Don't Make Me Think》를 썼다. 그의 책 제목은 아주 중요한 기본 원칙을 잘 전달하고 있다. 이메일 앱이나 세탁기의 디자인이 훌륭할수록, 그것을 사용하는 사람들이 작동 방법에 대해 오래 생각할 필요가 없을 것이다. 세탁기와 오븐의 경우, 보통 어디에 옷을 넣고 어디에 음식을 넣어야 할지 분명히 알 수 있게 디자인돼 있다. 대부분 바로 앞에 큰 문이 달려 있다. 오븐 디자이

---

90) 〈스릴리스트(Thrillist)〉에 실린 보데인의 훌륭한 버거를 위한 십계명은 https://www. thrillist.com/eat/
nation/anthony-bourdain-parts-unknown-tips-how-to- make-burgers에서 확인할 수 있다.

너들은 9자리 코드를 입력해야 하는 판 뒤에 문을 숨겨 두거나, 문의 무게가 450킬로그램이 넘도록 무겁게 만들거나, 그 외에 일거리를 만들어 내는 여러 골치 아픈 선택 같은 것은 하지 않는다.

중요한 원칙을 하나 더 이야기하자면, 그건 바로 실수를 줄이고, 실수를 하더라도 안전하게 하는 것이다. 여기서 실수 또는 오류란 어떤 한 사람이 어떤 일을 하려고 할 때, 본의 아니게 다른 일을 벌이게 되는 것을 의미한다. 인간의 본성은 이것이 우리의 잘못 혹은 실수라고 생각하게 만들지만, 훌륭한 디자이너들은 그와 정반대로 생각한다. 그들은 디자인이 잘못돼 그런 것이라고 생각한다. 더 좋은 디자인이라면, 일반적으로 발생할 수 있는 실수를 미리 예상해 그런 일이 벌어지지 않게 하거나, 실수를 하더라도 쉽게 바로잡을 수 있게 했을 것이다.

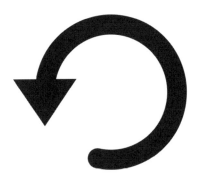

여러분은 문자 메시지나 이메일을 쓸 때 백스페이스키나 실행 취소 버튼을 몇 번이나 사용하는가? 이 기능은 우리가 당연한 것으로 여기는 일종의 시간 여행이라 할 수 있다. 그런 기능이 없다면 글쓰기가 얼마나 끔찍할지 상상해 봐라. 키를 누를 때마다 불안할 것이다(옛날식 타자기나 수정액을 사용

해 본 사람이라면 기억이 날 것이다). 키보드의 경우, 각각의 문자 키가 고정된 위치에 자리해 있다. 그런데 그 문자 키들이 계속 이리저리 움직이고 키를 치려고 할 때마다 그 크기가 커졌다 줄어들기를 반복한다고 한번 상상해 보자. 곧바로 오류 발생률이 크게 증가할 것이다(이런 현상이 사실이라는 과학적 근거를 알고 싶다면 피츠의 법칙^{Fitts's Law}(인간의 행동에 대해 속도와 정확성의 관계를 설명하는 법칙) 을 찾아보기 바란다). 고문과도 같은 이 키보드 이야기가 터무니없게 들리겠지만, 여러분이 사용성에 대해 속속들이 이해하고 있는 게 아니라면 디자인이 만들어 낼 수 있는 오류를 잘 알아차리지 못할 수도 있다. 자동차나 총과 같이 평상시 우리가 접할 수 있는 많은 제품들은 실수를 줄이고 안전성을 높이기 위한 기능을 가지고 있기는 하지만, 돌이킬 수 없는 나쁜 디자인 결정들이 여전히 일부 존재하기 때문에 그런 기능만으로는 충분하지 않을 수도 있다.

역사를 통틀어 보면 발명가나 기업가는 그들이 만들어 낸 것들이 어떤 실수를 일으킬 수 있는지, 혹은 사람들에게 어떤 피해를 줄 수 있는지를 제대로 파악하는 데 실패했다. 라이트 형제는 비행기가 전쟁을 끝낼 것이라고 생각했지 전쟁을 증폭시킬 거라고는 생각지 못했다. 포드는 미국에서 연간 4만 명의 교통사고 사망자가 발생할 거라고는 상상하지 못했다. 맥도날드 형제는 비만이 유행병처럼 번질 거라고는 예상하지 못했다. 또 트위터, 레딧, 페이스북을 만든 창업자들은 자신들이 만든 소셜 미디어가 잘못된 정보를 사실보다 더 빨리 퍼뜨리게 되리라는 것을 예상하지 못했다.

자신이 가지고 있는 아이디어에 직을 걸 수 있는 용기를 가진 사람들을 보면 놀랄 만큼 낙천적이다. 그런 엄청난 감정 에너지 없이는 결코 꿈을 좇을 수 없을 것이다. 함정은 좋은 디자인은 회의적인 태도도 필요로 한다는 데 있다. 더 구체적으로 말하면, 자존심을 내려놓고 자신이 만들어 낸 것이 얼마나 쉽게 사람들을 실망시킬 수 있고 부도덕한 사용자를 도울 수 있는지 탐구하려는 마음가짐이 필요하다.

소설가 윌리엄 깁슨William Gibson은 한 인터뷰에서 이렇게 말했다. "새로운 기술을 이해하고 싶다면 범죄자, 경찰, 정치인의 손에서 앞으로 그 기술이 어떻게 쓰이게 될지 자문해 보세요." 만약 창작하는 이들이 그들이 만들어 낸 프랑켄슈타인의 괴물, 인쇄기, 갖가지 진보와 퇴보 등 하나의 목적을 가지고 만들어진 창작의 역사를 대충이라도 훑어보는 노력을 한다면, 우리 모두에게 도움이 될 것이다 디자인은 결코 중립적이거나,[91] 모두에게 이로울 수 없다. 또 그것을 만들어 낸 이들이 추측하는 방식으로 꼭 존재하거나 기능하지도 않는다.

---

91) 콜린 티게(Colleen Tighe(는 어떻게 해서 디자인이 결코 중립적이지 못한지 보여 주는 사례를 삽화와 함께 소개한다. 〈베플러(Baffler)〉에 실린 자세한 내용은 https:// thebaffler.com/odds-and-ends/design-is-not-neutral-tighe에서 확인할 수 있다.

16
가치와
트레이드오프

How Design Makes the World

**How
Design
Makes
the
World**

여러분이 USB 케이블 같은 것을 꽂으려는데 하필이면 맞지 않는 쪽이어서 다시 다른 방향으로 바꿔 꽂아야 했던 때를 생각해 보자. 이런 일을 겪게 되면 짜증이 나고, 이런 '노먼의 플러그'를 만든 사람을 탓하게 된다. 적어도 USB의 경우, 결점으로 보이는 이러한 특징이 사실은 의도적인 디자인 트레이드오프tradeoff였다. 트레이드오프란 두 가지 목표가 서로 상충하는 것을 의미하며, 디자이너가 두 목표 중 하나를 선택하고 다른 하나는 포기하는 것을 말한다.

USB가 생기기 전에는 키보드, 프린터, 게임 컨트롤러를 컴퓨터에 연결하면서 좌절감을 맛봤다. 컴퓨터에는 특이하게 디자인된 어댑터 일곱 개가 있었는데, 어떤 것들은 설치를 하려면 컴퓨터를 물리적으로 분해해야 하는 경우도 있었고, 새로운 장비를 구입하면서도 그 장비가 컴퓨터 어댑터에 잘 연결될지, 제대로 작동할지 전혀 알 수 없었다. 인텔의 아제이 바트[Ajay Bhatt]와 그의 팀은 이 복잡한 어댑터들을 사용하기 쉽고 간단한 단일 규격(이게 바로 오늘날의 USB다)으로 교체할 수 있기를 바랐다. 그러나 단일한 규격으로 교체하도록 다른 경쟁업체들을 설득하기란 쉽지 않아 보였다.

바트의 팀은 원래 어떤 방향으로든 연결할 수 있어 잘못 사용할 일이 없는 디자인을 가지고 있었다. 문제는 그 디자인으로 만들 경우 필요한 배선과 전자 장치가 두 배로 늘어 그 비용 역시 배로 늘어난다는 데 있었다. 높은 비용으로는 기업들을 설득하기가 더 어려울 수 있었고, 프로젝트가 위험에 처할 수 있었다(명심하라, 누군가는 비용을 지불해야 한다). 그들은 더 단순하고 더 저렴한 한 방향 USB 디자인을 택했다. 표준 규격의 구체적인 세부 기능보다 간단한 단일 규격이라는 더 큰 목표를 우선으로 하는 절충안을 택한 것이다. 그들은 또 단자를 꽂았을 때 적어도 50:50의 확률로 방향이 맞을 수 있도록 하기 위해 당시 보편적인 어댑터 모양이었던 원형 대신 직사각형 모양으로 USB를 디자인했다.

이렇게 한 목표에 집중함으로써 그들은 마이크로소프트 컴팩, NEC, IBM, 애플이 USB를 사용하도록 설득할 수 있었고, 규격화를 통한 단순화를 훌륭하게 실현해 냄으로써 큰 성공을 거뒀다. USB 어댑터 방향을 바꿔 꽂아야 하는 번거로움을 두고 불평할 수도 있겠지만, 앞서 이전 세대가 겪었던 번거로운 일상과 비교하면 USB는 분명 획기적인 디자인이었고, 양방향으로 작동하는 USB-C 규격이 세상에 나올 수 있도록 길을 닦아준 일등공신이었다.

트레이드오프는 디자인을 이해하는 데 있어 가장 중요한 개념이다. 어떤 목표를 좇든지 여러분이 이루고자 하는 목표 중 일부는 다른 목표들과 충돌하기 마련이다. 여러분은 처음에는 고품질과 저비용을 추구하며 프로젝트를 시작하겠지만, 결국 둘 중에 하나를 택해야 하는 상황에 직면하게 될 것이다 (예를 들어, 신경-매트릭스$^{neural-Matrix}$ 인터페이스는 고가의 특수 부품을 필요로 할 수도 있다). 낙관주의와 무지로 똘똘 뭉쳐 있는 프로젝트 초반에는 트레이드오프의 필요성을 실감하지 못할 수도 있다. 가끔 멋들어진 해결책을 가까스로 찾아내기도 하지만, 보통 최고의 디자인은 여러분이 내린 절충안의 명확성에서 나온다.

디자인에서 흔히 볼 수 있는 트레이드오프는 바로 단순함과 관련이 있다. 보다 단순한 디자인은 실수하는 것을 막아 주고 배우기가 더 쉽다. 그러나 트레이드오프 관계에서 '단순한' 것은 복잡한 대안을 선택했을 때만큼 많은 기능을 사용할 수 없다는 것을 의미하기도 한다. 그래서 어떤 사람들은 단순함을 포기하고 복잡한 대안을 선택하기도 하지만, 결국 앞에서 우리가 살펴봤던 스위스 군용 칼과 같은 수순을 밟게 된다. 스위스 군용 칼은 많은 도구가 달려 있지만, 그 중 어떤 것도 그 기능이 뛰어나지 않다(휴대하기 쉽다는 것만큼은 인정한다). 아니면 디자이너가 기본 설정을 변경하려는 사람들의 의지에 희망을 걸고 단순함을 포기하기도 하는데, 안타깝게도 대부분 사람은 그럴 의지가 전혀 없다.[92]

---

92) Charles Arthur, "Why the Default Settings on Your Device Should Be Right the First Time," The Guardian, December 1, 2013, https://www. theguardian.com/technology/2013/dec/01/default-settings-change- phones-computers.

토스터 같은 기본적인 주방 기구들을 떠올려 보자. 토스터에 토스트^{TOAST}라고 적인 버튼 하나만 달려 있다면, 누군가가 그 토스터를 사용하면서 실수할 일은 별로 없을 것이다. 터치스크린 LCD 패널, 30단계 굽기 조절 기능, 빵이 자동으로 내려오는 로봇 식 트레이, 빵 표면을 구워 모양을 새길 때 사용하는 스포츠 팀 로고와 국기 100개 옵션, 자동으로 버터를 발라 주는 장치, 토스트용 잠김 방지 브레이크(우리는 완성된 토스트가 공중으로 날아가는 것을 원하지 않는다), 토스트가 완성되면 문자 메시지를 전송해 주는 블루투스 알림 기능, 맞춤형 토스트가 완성된 시점에 맞춰 계란프라이를 만들어 주는 팬 등이 탑재된 토스터를 사용할 때보다 실수할 확률이 훨씬 더 낮을 것이다. 위에서 열거한 기능 중 적어도 하나쯤은 여러분에게도 솔깃하게 들렸을 것이다. 디자이너는 좋은 디자인과 사람들이 원하는 가치 사이에서 고민할 수밖에 없다.

토스터 두 종류를 한번 살펴보자. 첫 번째는 버그호프 세렌^{BergHOFF Seren} 토스터로 가격은 86달러다. 트레이를 옆으로 당겨 뺄 수 있어 토스터 안에 빵이 낄 염려가 없고, 베이글이나 잉글리쉬 머핀도 들어갈 만큼 충분한 공간을 가진 단순한 디자인의 토스터다. '주로 납작한 종류의 빵을 간편하게 굽는 것'

에 중점을 두고 있는 간단한 디자인이다. 모서리가 곡선으로 처리된 스타일이 깔끔해서 유행을 잘 타지 않을 것 같은 세련된 느낌을 준다(1980년, 현재, 2040년 주방에 있어도 괜찮아 보일까?).

다음은 노스탤지어 BSET300BLUE 레트로 시리즈 3-in-1 토스터로, 아마존에서 65달러에 판매하고 있는 제품이다.

이 토스터는 그냥 토스터가 아니다. '브렉퍼스트 스테이션breakfast station'이라는 이름에 걸맞게 아침을 만들기 위한 커피메이커와 계란프라이 등을 만들 수 있는 그릴이 추가로 달린 토스터다. '한정된 공간에서 한정된 비용으로 한 끼 식사를 만들 수 있어야 한다'는 문제를 해결하기 위한 디자인으로 보인다.

어떤 토스터가 더 좋은가? 여러분은 이 질문에 문제가 있다는 것을 이미 알고 있을 것이다. 우리가 개선하고자 하는 점이 더 나은 토스트를 만들기 위한 것인지 아니면 '모든 게 갖춰진 아침 식사 솔루션'을 제공하기 위한 것인지, 또 오븐과 커피메이커가 갖춰진 큰 주방이 있는 큰 집에 사는 사람을 위해 개선하려는 건지 아니면 공간이 좁고 전기 콘센트가 몇 개 없는 작은 아파트에 사는 사람을 위해 개선하려는 건지를 정확하게 알아내기 위해 우선 몇 가지 작업을 거쳐야 한다. 그러나 지금은 그 문제를 잠시 제쳐두고 생각해 보자.

사람들은 무언가를 살 때 그것의 가치와 경제적인 면을 고려한다. 토스터를 구입하는 데 20달러, 60달러, 100달러를 썼을 때, 여러분은 얼마의 가치를 얻게 될까? 우리 뇌가 가치를 판단하는 가장 쉬운 방법은 바로 양을 기준으로 판단하는 것이다. 똑같은 품질의 사과 네 개를 10달러에 살 수 있다면, 사과 두 개에 10달러를 지불하는 일은 결코 없을 것이다. 문제는 디자인은 양적으로 측정하기가 어렵다는 것이다. 여러분은 얼마나 많은 타이어를 가지고 있는지를 보고 차를 판단하거나, 병 크기를 보고 와인을 판단하지는 않을 것이다.

디자인의 질을 판단하기 위해서는 단순히 외양을 살피는 것 이상이 필요하다. 그것이 만들어진 용도를 이해하고 제대로 사용해 봐야 한다. 구입하기 전에 먼저 옷을 입어 보거나 자동차를 시승해 볼 때도 있지만, 제대로 입어 보거나 시승해 보지 않고 구입하는 경우도 많다. 시승을 한다고 해도 제대로 운전해 보는 게 아니라 자동차 대리점 주위를 한 바퀴 도는 게 전부다. 신차를 사기 전에 그 차를 타고 시험 삼아 출퇴근해 본다거나, 가족 여행을 위한 짐을 싣고 달려 본다거나, 시장에서 집으로 가는 길을 선택해 운전해 볼 수도 없다.

우리가 양적인 것을 보고 판단하는 경향이 있다 보니, 어떤 것이 우리에게 좋을지를 두고 잘못된 판단을 내리기도 한다. 토스터가 가진 기능을 바탕으로 여러분이 두 토스터를 비교할 경우, 다음과 같은 비교 차트를 얻을 수 있다.

기능	버그호프 세렌	노스탤지어
토스트 만들기	○	○
커피 만들기		○
계란프라이		○
베이컨 굽기		○
피자 만들기		○
프렌치토스트 만들기		○
치 만들기		○

두 토스터가 가진 기능을 기준으로 평가하면, 첫 번째 토스터 세렌이 밀릴 수밖에 없다. 세렌이 할 수 있는 게 별로 없다. 그런데 함정은 그 많은 기능이 우리가 가진 문제를 꼭 해결해 주는 건 아니라는 것이다. 예를 들어, 토스트가 완성되면 개들만 들을 수 있는 주파수로 베토벤 교향곡 5번의 도입부를 연주하는 에어 혼을 가지고 있는 토스터가 있을 수도 있다. 이것도 기능이라면 기능이지만, 어떤 문제를 해결하는 것과는 거의 관계가 없다(내 강아지 친구 니블스가 내 토스트를 뺏어 먹기를 바라는 게 아니라면 말이다). 그러나 보통 광고에서 하듯이 여러 기능을 잔뜩 보여 주고 구매 결정을 하도록 유도함으로써 제품을 구입하는 고객보다 그 제품을 만든 회사가 더 많은 이득을 얻게 된다.

대부분의 디자이너는 단순한 것이 곧 가치 있는 것이라고 말할 것이다. 그 말은 그 디자이너가 여러분의 니즈needs에 대해 깊이 고민해 왔으며, 그 니즈를 아주 명쾌하게 충족시켰으므로 여러분은 간단하게 사용하기만 하면 된다는 것을 의미한다. 그러나 양에 집착하는 우리 뇌와 더 많은 가치를 얻고자 하는 우리의 욕구는 복잡한 것이 더 가치 있는 것이라고 생각하게 만드는 경향이 있다. 그래서 우리는 얼마나 다양한 기능을 가졌는지를 뽐내며 우리를 설득하는 토스터, 휴대 전화, 소프트웨어를 구입한다. 빅터 파파넥은 판매를 위한 디자인과 사용을 위한 디자인의 차이점을 설명하는 글을 쓰기도 했다. 구매가 이뤄지기 전에 이미 사람들의 관심을 끌기 위한 것을 만드는 것이 목표인가, 아니면 사람들의 니즈를 충족시키는 것을 만드는 것이 목표인가?

제품이 가진 기능들이 유용하고 사람들에게 부담을 주지도 않는다면, 더 많은 기능을 가진 제품이 문제될 이유는 전혀 없다. 예를 들어, 자동차에 잠김 방지 브레이크를 달면, 복잡성을 가중시키지 않으면서도 더 안전해질 수 있다. 그저 제 기능을 할 뿐이다. 그러나 보통 제품들이 가지고 있는 기능들을 보면 사용자가 조작해야 하는 사용자 인터페이스, 버튼, 스크린, 스위치로 작동된다. 버튼과 스크린이 많을수록 사용 방법도 더 복잡해질 것이다. 즉 사용자가 실수할 가능성이 더 높아지고, 그 실수를 바로잡기가 더 어려울 수 있음을 의미한다.

두 번째 토스터 BSET300BLUE의 사용자 인터페이스를 자세히 살펴보면, 제품 기능 목록에는 나와 있지 않은 몇 가지 문제점을 발견하게 될 것이다. 첫째, 빨간색 전원 스위치 위에 이상한 설명이 적혀 있다. 디자인의 기본 원칙에 따르면, 설명이 많으면 많을수록, 디자인은 더 나빠진다(복잡성!). 제품 디자인을 잘 하는 것보다 제품에 설명을 갖다 붙이는 게 더 쉽고 비용도 덜 든다. 또 설명을 해 준다고 해도, 이해가 잘 되지 않거나 사실상 아무런 도움이 되지 않을 수도 있다.

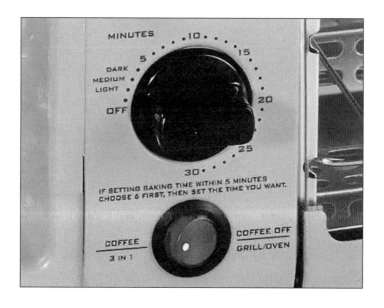

토스터의 전원 스위치 위에는 이런 설명이 적혀 있다.

굽는 시간을 5분 이내로 설정할 경우 먼저 6을 선택한 후 원하는 시간을 설정하십시오.

이게 문제다. 모든 종류의 토스트는 5분 안에 나오므로, 빵을 굽기 위해서는 손잡이를 6으로 돌린 다음 다시 반대로 돌려 굽기 단계를 설정해야 한다. 이런 식이라면, 여러분이 빵을 구울 때마다 그 과정을 반복해야 한다. 이 디자인은 일을 줄여 주는 게 아니라 할 일을 더 늘리는 방식으로 작동하는 것이다. 그 과정을 반복하는 데 걸리는 시간은 얼마 안 될지 모르지만, 아무도 이런 사용 방식을 택하고 싶지 않을 것이다.

게다가 리뷰에 따르면, 그릴, 토스터, 커피메이커 품질에 문제가 있다고 한다. 그릴의 온도 조절이 되지 않아 그릴을 켜거나 끄거나 둘 중에 하나만 선택이 가능하다. 그릴이 평평하지가 않아서 계란프라이를 하는 동안 계란이 미끄러져 움직이기도 한다.[93] 또 그릴의 온도를 뜨겁게 높이는 데에도 시간이 오래 걸려 미리 온도를 높여 둬야 한다. 어떤 것이 더 많은 기능을 가지고 있다고 해서, 그 기능들이 모두 훌륭한 것은 아니다. 물론 어떤 사람들에게는 좀 복잡하고 품질에 문제가 있어도 가치 있는 제품이 될 수도 있다. 가전제품 세 개를 모두 사기에는 공간이나 돈이 부족할 수도 있다. 성능이 썩 좋지 않더라도 아예 없는 것보다는 있는 게 더 나을 것이다.

그런데 가끔은 세심한 복잡성이 올바른 선택이 될 때도 있다. 전투기 조종석을 예로 들어 보자. 조종석 안에서는 조종사가 정신을 집중해 기계를 조종해야 한다. 이 경우에는, 조종사가 직접 기계를 다루고 조종할 수 있도록 하는 게 가장 좋은 방법이 될 수 있다. F-22 랩터Raptor 전투기의 조종석은 다음과 같이 생겼다.

---

93) Samantha Gordon, "We Tried the Internet's Favorite 3-in-1 Breakfast Maker-Was It Worth the Hype?" Reviewed, June 1, 2017, https://www. reviewed.com/cooking/news/i-tried-this-3-in-1-breakfast-appliance- so-you-dont-have-to.

같은 전투기가 훨씬 더 단순한 인터페이스 갖게 되는 경우도 있다. 여러분은 가정용 게임기인 엑스박스Xbox로《톰 클랜시의 HAWXTom Clancy's HAWX》게임을 할 수 있고, 그 게임을 통해 같은 비행기를 조종할 수 있다. 다른 게 있다면, 엑스박스 컨트롤러가 실제 전투기의 복잡한 기능들을 다 담고 있지는 않다는 것이다.

실제 전투기의 조종석을 설계한 디자이너들은 조종사에게 유용한 조종석을 만들기 위해 복잡한 디자인을 선택하고 단순한 디자인을 기꺼이 포기했을 것이다. 그들은 실수로 폭탄을 투하하는 일이 없도록 디자인하는 일을 맡기 전에 조종사들과 함께하는 수백 시간의 훈련에도 기꺼이 참여했다. 반면에 게임 디자이너들은 게임을 재미있고 배우기 쉽게 만들기 위해 복잡성 대신 단순함을 택했다. 이러한 트레이드오프는 매우 훌륭하고 꼭 필요한 절충안이라 할 수 있다. 전투기 조종사는 엑스박스 컨트롤러로 임무를 수행하는 게 끔찍할 것이고, 게임 플레이어는 복잡한 실제 전투기 조종석에서 재미있는 게임을 망치고 싶지 않을 것이다.

어쩌면 가장 중요한 트레이드오프와 가치는 제품에 대한 논의에서 제외된 것들일 수도 있다. 물건을 구입하는 사람들을 소비자라고 부르는데, 이는 그들이 사회에 기여하기 위해 무엇을 배우고, 무엇을 희망하고, 무엇을 원하는가보다 무엇을 소비하는가가 그들에게 더 중요한 가치라는 것을 넌지시 말해 준다. 오븐이나 팬으로도 토스터와 마찬가지로 몇 분이면 빵을 구울 수 있다는 사실을 깨닫는 것은 그리 어렵지 않다. 토스터에 마법 같은 것은 없다. 주방용 오븐에 사용된 것과 똑같은 니크롬선 가열 방식을 사용해 크기만 더 작게 만들고 방향만 바꿔 놨을 뿐이다. 하지만 토스터를 판매하기 위해 존재하는 그 어떤 조직도 우리에게 그 사실은 말해 주지 않을 것이다.

많은 상품과 서비스가 우리의 시간을 절약해 주고 비용이 저렴하다는 이유로 판매되고 있지만, 그 이면에는 대개 숨겨진 비용이 있거나(어떤 외부성이 이러한 혜택을 가져다주는 걸까?), 우리 스스로가 배울 수 있는 것에 대한 기대치를 낮추기도 한다. 부엌칼을 제대로 사용하는 법이나 별다른 준비 없이 간편하고 건강한 한 끼를 만드는 법과 같은 기본적인 것들을 배워 두면 수많은 도구, 앱, 서비스를 굳이 사용하지 않아도 된다. 문제를 해결하는 최고

의 솔루션을 얻기 위해 꼭 무언가를 새로 디자인하거나 무언가를 새로 구입

해야 하는 것은 아니다.

17
디자인은
흐름에 관한
것이다

How Design Makes the World

How
Design
Makes
the
World

《헝거 게임The Hunger Games》 같은 여러분이 가장 좋아하는 영화나 영국의 도로 표지판을 디자인한 마가렛 비비안 칼버트Margaret Vivienne Calvert에 관한 다큐멘터리를 볼 때, 사실 여러분은 수많은 스틸 이미지를 연이어 보고 있는 것이나 다름없다. 각각의 이미지나 프레임이 연속적으로 빠르게 바뀌면(보통 영화는 초당 24프레임을 사용한다), 우리 뇌는 실제로 움직이는 모습을 보는 것처럼 인식하게 된다. 1891년 토머스 에디슨Thomas Edison이 활동사진 영사기Kinetoscope를 발명했을 당시에는, 우리 뇌가 실제로 움직이는 장면으로 인식하기 위해서는 초당 16프레임이면 된다고 알려져 있었다. 프레임 비율이 높을수록 더 부드럽고 자연스러운 움직임을 볼 수 있다.

그런데 영화 기술에서도 트레이드오프 관계가 형성된다. 즉 프레임 비율이 높은 영상을 제작하려면 더 많은 필름을 사용해야 하고 비용도 더 많이 든다. 기본으로 자리 잡은 24프레임은 우리 뇌가 작동하는 방식보다 영화 제작의 현실과 더 관련이 깊다(이는 피터 잭슨Peter Jackson 같은 영화 제작자들이 디지털 제작으로 더 높은 프레임 비율을 구현할 수 있는 방법에 관심을 보이는 이유이기도 하다).94) 24프레임이든 그보다 더 높은 프레임이든, 우리가 스틸 이미지가 움직이고 있다는 사실을 잊은 채 영화를 감상할 수 있는 것은 자연스럽게 느껴지는 영상을 디자인하는 데 필요한 기술을 정교하게 사용한 덕분에 가능한 일이다.

이처럼 어떤 방해도 받지 않고 한 순간에서 다른 순간으로 물 흐르듯 빨려 들어감을 느끼는 상태를 '몰입flow'이라고 한다. 보통 몰입을 하면 기분이 좋아진다. 즉 몰입은 무엇을 어떻게 해야 하는지를 생각하는 게 아니라 우리가 하는 일에 오롯이 집중할 수 있는 상태를 말한다. 일반적으로 좋은 디자인이란 사람들이 물 흐르듯 자연스럽게 사용하면서 그 경험에 온전히 몰입할 수 있게 해 주는 디자인을 말한다.

새하얀 물살이 거세게 몰아치는 강 위에 떠 있는 현수교를 가로지르는 기차를 타고 가면서, 조금만 더 달리면 다리를 다 건널 수 있으니 다리 밑으로 떨어져 죽을 일이 없다고 생각하거나, 운전을 하고 가면서 자동차 디젤 엔진이 금속 실린더 내부에 연료를 분사해 초당 30회에 이르는 자연 발화를 일으켜 구동 에너지를 얻을 수 있어 다행이라는 생각을 하지는 않는다. 그런 생각을 하는 대신, 저녁 시간에 맞춰 집에 도착할 수 있다면 참 좋겠다는 생각을 할 것이다.

94) Eric Escobar, "Hacking Film: Why 24 Frames Per Second?" Film Independent, April 16, 2018, https://www.filmindependent.org/blog/hacking-film-24-frames-per-second.

몰입은 어쩌다 우연히 나타나는 현상이 아니다. 몰입을 경험할 수 있게 하기 위해 어떤 것을 어떻게 디자인해야 할지 곰곰이 생각해 봐야 한다. 우리 뇌가 영화를 보고 감상하는 방식과 마찬가지로, 디자이너는 여러 단편적인 정보들을 서로 연결시켜 사람들이 자연스럽게 몰입하고 하나의 통일된 경험을 할 수 있도록 하기 위한 기술을 신중하게 사용해야 한다.

디자이너들은 그 노력의 일환으로 해야 할 '일'들을 생각한다. 자신들이 해야 할 일들이 아니라, 그들의 디자인을 사용할 사용자들의 업무, 사용 사례, 시나리오에 대해 생각해 보는 것이다. 사용자들이 해야 할 일들을 생각해 봄으로써, 디자이너는 해야 할 일들을 수행하는 순서를 정하는 방법이나 그 것들을 아주 자연스럽게 연결할 수 있는 방법 등을 생각해 볼 수 있다. 사용자 입장에서 바라보는 이러한 디자인 관점은 소프트웨어, 주방, 심지어 도시를 돌아다니는 일을 포함한 모든 것에 적용될 수 있다.

공항 디자인을 그 예로 들어 보자. 사람들이 공항에 도착하면 비행기에 탑승하기 전에 해야 할 일이 몇 가지 있다.

- 항공편에 대한 정보 확인하기 (탑승 게이트 번호, 비행기 지연 여부)
- 올바른 보안 검색대 찾아가기
- 탑승 게이트로 이동하기
- 식사하기
- 항공사에서 탑승권 발급받기
- 화장실 가기

• 항공사에 수하물 위탁하기

위에 열거한 모든 항목이 다 중요하다. 모든 항목 중 특히 더 중요한 것이 있을까? 공항에서 출국 절차를 어떻게 정하면 승객들이 각각의 업무를 제 시간에 완수할 수 있을까? 어떤 한 곳에서 다른 곳으로 가는 길은 잘 찾을 수 있을까? 쉽지만은 않을 것이다. 공항에서 출국 절차를 밟으며 헷갈렸던 적이 있다면, 여러분만 그런 게 아니다. 서로 다른 항공사, 터미널, 보안 프로토콜, 언어, 바쁘고 스트레스로 지친 사람들 사이에서 출국 절차를 막힘없이 순조롭게 진행하기란 쉽지 않다.

원활한 흐름을 위한 디자인은 우선순위를 먼저 생각하는 데에서 출발한다. 출국 절차 목록에서 모든 사람이 가장 먼저 해야 할 일은 무엇일까? 탑승권을 발급받아야 한다! 그런데 꼭 그럴까? 여행을 떠나는 사람에게 공항이 꼭 그 출발점이 되는 것은 아니다. 어떤 사람들의 여행은 집이나 사무실에서 시작되기도 한다(그들은 집이나 사무실에서 디지털 형태의 모바일 탑승권을 다운로드한다). 우리가 사람들을 먼저 생각한다면, '우리 디자인'의 출발점이 어디인지 생각할 게 아니라 사람들의 경험에 대해 먼저 생각해 볼 필요가 있다. 암스테르담 스히폴 공항의 길 찾기 시스템 디자이너 중 한 명인 폴 믹세나르Paul Mijksenaar는 이렇게 설명한다.

저희는 여행과 관련된 모든 과정에서 스트레스를 받을 수 있다고 봅니다. 짐을 싸고, 탑승권을 챙겼는지 확인하고, 공항으로 가는 길이 막히지는 않을지 걱정하면서 벌써 스트레스를 받기 시작하죠.[95]

무언가를 만드는 사람들은 보통 가장 좋은 경우를 떠올리는 경향이 있다. 그들은 사용자들이 좋은 기분으로 좋은 나날을 보내며 좋은 삶을 살고 있을 거라고 가정한다. 사실 그런 경우는 잘 없지만, 그렇게 가정하는 게 편하다! 상황을 가장 좋은 쪽으로 설정하면, 디자인 작업이 훨씬 더 수월해진다. 믹세나르는 자신이 누구를 위해 디자인하고 있는지, 어떤 문제를 해결해야 하는지에 대해 현실적으로 바라보고 있다. 그는 공항 이용객들이 이미 스트레스를 받은 상태로 공항으로 들어간다는 사실을 깨달았고, 자신의 디자인 선택이 그런 그들에게 더 만족스러운 경험을 선사할 수 있어야 했다.

믹세나르는 팀의 디자인 결정으로 원활한 흐름을 만들어 내기 위한 4가지 원칙을[96] 사용했다. 아래에 소개돼 있는 4가지 원칙은 필자가 약간의 수정을 가한 것임을 미리 밝힌다. 이 4가지 원칙은 사람들이 사용하는 모든 것에 보편적으로 적용될 수 있다. 많은 디자이너들이 작업을 원하는 방향으로 이끌기 위해 휴리스틱(heuristics, 의사 결정 과정을 단순화해 신속하고 효율적인 판단 및 결정을 이끌어 내는 방식을 말한다_옮긴이)이라고 불리는 방식에 기초한 원칙을 사용한다.

- **연속성** : 각 항목과 관련해 제공되는 정보는 그 항목이 완료되거나 목적지에 도착할 때까지 시기적절한 간격으로 반복된다.
- **발견 용이성** : 해당 항목에 대한 정보를 적시에 바로 알아차릴 수 있어

95) Paul Mijksenaar in Sarah Domogala, director, Dutch Profiles: Paul Mijksenaar,2012 film, https://vimeo.com/50915913.
96) '4C'(연속성(Continuity), 현시성(Conspicuousness), 일관성(Consistency), 명확성 (Clarity))를 포함한 폴 믹세나르의 디자인 철학에 대한 더 자세한 내용은 그의 회사 웹 사이트 https://www.mijksenaar.com/design-philosophy에서 확인할 수 있다.

야 하며, 다른 항목의 정보가 대신 주의를 끄는 일이 없도록 해야 한다.

- **일관성** : 동일한 아이콘, 색상, 용어가 항상 사용돼야 한다. '식당'이라는 단어를 '스낵바'라는 단어로 바꿔 표기할 수 없다. 용어, 색상, 그 외에 다른 사항 모두 한 번에 학습할 수 있어야 한다.
- **명확성** : 모든 메시지의 의미는 다른 언어를 사용하더라도 가능한 한 많은 사람에게 명확하게 전달돼야 한다.

이 4가지 원칙은 사람들이 공항에 도착하는 순간부터 적용된다. 스히폴 공항의 경우, 각 주차 구역마다 독창적인 이미지로 식별이 가능한 고유한 테마를 가지고 있어, 긴 여행을 마친 후에도 사람들이 사용하는 언어에 관계없이 안내 표지판을 쉽게 이해하고 알아볼 수 있다. 이 기술은 현재 놀이공원과 쇼핑몰에서 자주 사용되고 있다. 노란색은 항상 주차나 출입구 같이 꼭 필요한 사항에 대한 정보를 나타내는 데 사용된다. 이 같은 일관성은 승객들이 어딘가로 급히 떠나야 할 때, 그들이 노란색 배경에 검은색 텍스트가 적힌 정보에 주목하게끔 자연스럽게 유도하는 효과를 지닌다.

승객이 공항 안으로 들어갈 때, 여러 종류의 정보가 담긴 안내 표지판이 있을 수 있지만, 각 정보의 색상과 크기는 해당 위치에서 얼마나 중요한 정보이냐에 따라 달라진다. 파란색 배경에 적힌 항목은 식당, 바, 카지노(슬롯머신을 조심해라!) 같은 편의 시설을 나타내고, 검은색 배경은 화장실, 환전, 응급 처치 등과 같은 서비스를 위한 것이다. 녹색 안내 표지판은 항상 비상구를 나타낸다. 비상구가 필요한 경우는 거의 없기 때문에 이 표지판이 가장 두드러져 보여서는 안 되지만, 유사시 매우 중요한 역할을 하므로 비상구에만 사용할 수 있는 전용 색상이다.

이 모든 게 효율적이고 간단한 것처럼 보이지만, 공항은 전방위적인 곳이라는 사실을 명심해야 한다. 사람들은 공항 내 어떤 한 지점에서 다른 지점으로 가는 길을 제대로 찾을 수 있어야 한다. 우리가 컴퓨터를 사용하다가 정보 과부하를 겪기도 하는 것처럼, 우리 역시 공항에서 정보 과부하가 걸려 자칫 길을 잃을 수도 있다. 이런 일이 발생할 가능성을 줄이고 여행객들이 순조로운 흐름을 유지하며 출국 절차를 밟을 수 있도록 하기 위해 믹세나르는 또 다른 특단의 결정을 내렸다.

모든 안내 표지판이 여행객과 마주보도록 설치돼 있는 한편, 광고는 양쪽 측면에 위치해 있어서 지나가면서 볼 수 있게 돼 있습니다. 그렇지만 광고가 안내 표지판을 보는 데 방해가 될 일은 없습니다. 이것은 정보 분리라는 또 다른 심리학 원칙이죠.[97]

웹상에서는 이러한 광고와의 명확한 구분을 찾아보기 어렵다. 여러분이 이용하고 있는 웹 페이지가 무료라면, 비즈니스 모델이 그런 정보 분리를 허용할 리 없기 때문이다.

흐름이 끊기지 않도록 정보를 분리하는 것과 주어진 시간에 어떤 정보를 보여 주고 어떤 정보를 뺄지 결정하는 것 역시 다른 모든 것에 적용할 수 있다. 생산성 소프트웨어는 물론이고 심지어 모바일 앱도 보통 메뉴나 다양한 옵션으로 채워진 화면을 따로 가지고 있다. 그것들은 원활한 작업 흐름을 염두에 두고 디자인될 수도 있고, 언제 무엇이 필요할지에 대한 명확한 아이디어를 바탕으로 디자인될 수도 있을 것이다. 또 기본에 충실한 방향으로 디자인되거나, 작업 흐름 같은 것은 전혀 고려하지 않은 채 디자인될 수도 있을 것이다. 보통 무언가를 사용하면서 온전히 집중하지 못하고 작업 흐름이 깨질 때 여러분은 그 메뉴나 화면에 주목하게 된다. 여러분이 물건을 사용하다 말고 그 물건의 디자인에 주목하게 됐다는 것은, 그것을 만든 디자이너가 디자인을 잘못했다는 것을 의미한다.

---

97) Mijksenaar, "Design Philosophy," https://www.mijksenaar.com/design-philosophy.

믹세나르는 이렇게 말했다. "우리는 모든 사람이 우리의 안내 표지판에 대해 많은 생각을 하지 않기를 바라며, 안내를 받고 있다는 사실조차 잊기를 바란다. 우리는 그들이 원하는 곳에 잘 도착하기만을 바랄 뿐이다."[98] 제품과 사람 사이의 '접점에서 생기는 마찰'을 없애야 한다는 헨리 드레이퍼스의 격언도 거의 모든 상황에 적용된다.

그런데 가끔은 사람들이 무언가를 알아차릴 수 있도록 하는 게 좋은 경우도 있다. 스히폴 공항에서 유지 보수 관리자로 일하는 요스 반 베도프는 남자 화장실을 청소하는 데 상당한 비용이 든다는 사실을 알게 됐다. 큰 비용이 발생하게 된 주된 이유는 황당할 정도로 간단했다. 소변을 보는 남성들이 조준을 제대로 하지 못해서였다. 그는 네덜란드 군대에서 소변기 안에 빨간색 점 스티커 등을 붙여 둠으로써 군인들이 잘 조준할 수 있도록 한다는 사실을 군복무 경험을 통해 알고 있었다. 그는 매니저 아드 키에붐에게 파리 모양의 스티커를 소변기에 붙여 보자는 제안을 했다. 다행히 효과가 있었다. 소변기 밖으로 튀어 나가는 소변의 양이 80퍼센트나 줄어들어 화장실 청소비를 크게 절감할 수 있었다.[99]

그 파리 스티커가 효과가 있었던 이유는 간단하다. 볼일을 보는 동안 할 수 있는 게 아무것도 없다. 읽을거리나 볼거리가 있는 것도 아니다(휴대 전화가 있기는 하지만, 휴대 전화를 봤다가는 제대로 조준하는 데 실패하고 말 것이다). 디자인상으로 봤을 때, 보통 남자 화장실의 소변기가 설치된 구역에서

---

98) Mijksenaar, "Design Philosophy," https://www.mijksenaar.com/design-philosophy.
99) Blake Evans-Pritchard, "Aiming to Reduce Cleaning Costs," Words That Work 1 (Winter 2013), https://worksthatwork.com/1/urinal-fly.

남자들이 할 수 있는 거라고는 빈 벽을 바라보는 일뿐이다. 그런데 표적이 주어지면, 그들이 할 일이 생기는 거다. 소변기 디자이너 클라우스 라이하르트 Klaus Reichardt는 이렇게 설명한다.

남자들은 단순해서 자기 소변을 가지고 장난치기를 좋아하니 소변기에 뭔가를 붙여 두면, 그걸 조준하게 됩니다. 그게 뭐든 간에요. 골프 깃발, 벌, 작은 나무 같은 걸 본 적이 있어요. 스히폴 공항의 소변기에는 파리가 있고요.[100]

소변을 보는 남자들의 관심이 어딘가에 집중되면서 그들의 행동도 변했다. 파리 같이 사람들이 좋아하지 않는 대상을 선택함으로써 그들로 하여금 그것에 조준해도 된다는 생각이 들게 했다. (듣자 하니, 100년 전 영국의 소변기에도 이런 게 있었다고 한다. 그런데 파리가 아니라 벌이었다고 한다.[101]

---

100) Blake Evans-Pritchard, "Aiming to Reduce Cleaning Costs," Words That Work 1 (Winter 2013), https://worksthatwork.com/1/urinal-fly.
101) Robert Krulwich, "There's a Fly in My Urinal," NPR, December 19, 2009,https://www.npr.org/templates/story/story.php?storyId=121310977.

이렇게 자연스러운 방법으로 행동에 영향을 준 것은 디자인을 아주 영리하게 사용한 경우라 할 수 있다. 존 F. 케네디 국제공항(JFK) 4번 터미널에 사용된 파리가 새겨진 소변기를 만든 아메리칸 스탠다드^{American Standard}의 마이크 프리드버거는 이렇게 말한다. "예쁜 나비나 무당벌레를 소변기에 새겼다면 남자들이 거기에 정확히 조준하지 않을 수도 있어요. 반대로 흉하게 생긴 거미나 바퀴벌레를 사용했다면 사람들이 그 모습을 거북해하며 그 앞에 서 있는 것조차 싫어할지도 모르죠. 절충안으로 파리만한 게 없는 거 같아요. 다들 좋아하지는 않지만 무섭지도 않고 사람들을 뒤로 물러서게 만들지도 않죠."[102]

---

102) Evans-Pritchard, "Aiming"에서 재인용.

18

갈등을
일으키는
디자인

How Design Makes the World

**How
Design
Makes
the
World**

크로아티아에 있는 고문 박물관에는 매우 특이한 디자인의 특수 도구가 있다. 바로 이단자의 포크Heretic's Fork라 불리는 고문 도구다. 이 도구는 양쪽 끝이 두 갈래로 갈라진 뾰족한 포크 모양을 하고 있다. 이단자의 포크는 스페인 종교재판 시절에 이단 행위를 한 사람들이 죄를 뉘우치도록 '동기를 부여'할 목적으로 만들어졌다. 포크의 한쪽 면에는 '나는 철회한다'라는 뜻을 가진 단어 'abiuro'가 적혀 있다. 고문 피해자는 먼저 양손이 뒤로 묶인 상태에서 이 도구를 착용했을 것이다. 이 도구를 착용하면 한쪽 끝은 턱 밑을, 다른 쪽 끝은 쇄골에 위치하게 된다.

천장을 볼 수 있을 정도로 고개를 뒤로 확 젖혀 보자. 여러분이 이단자의 포크를 착용하고 있다고 한번 상상해 보자. 양손이 뒤로 묶여 있어 잘 움직일 수도 없다. 이런 자세로 얼마나 버틸 수 있을 것 같은가? 포크가 여러분의 피

부를 파고들지 못하도록 애를 쓰고 있는 자세로 버텨야 한다. 서서히 근육이 지치고 목이 아파 오면서 몸에 무리가 올 것이다. 여러분의 고개와 목 근육은 한 자세로 오래 머물지 못한다.

여러분은 이 포크가 제대로 잘 디자인됐다고 생각하는가? 이 고문 도구는 자연스러운 흐름을 만들어 내기 위한 디자인이라기보다는 그와 완전히 상반된 경험을 위한 디자인, 즉 고통밖에 생각할 수 없는 상황에서의 통증을 유발해 내기 위한 디자인이다. 아주 끔찍한 디자인처럼 보일 것이다.

여기서 잠깐 우리가 앞서 던졌던 세 가지 질문으로 다시 돌아가 보자. 지금이 1480년이고, 여러분 자신이 모든 사람을 가톨릭 신자로 개종시키기 위해 스페인 종교재판을 이끈 페르난도 2세^{Ferdinand II}라고 상상해 보자.

1. **무엇을 개선하고자 하는가?** 나는 모든 사람을 가톨릭 신자로 개종시키고, 이단인 자들은 개종할 때까지 고문하며 고통을 가할 것이다.
2. **누구를 위해 개선하려고 하는가?** 나에게 대항하는 적과 사람들을 포함

한 모두가 그 대상이다!

3. **당신의 디자인이 결정이 옳다는 것을 어떻게 확인할 것인가?** 우리는 이 단자 수백 명을 상대로 고문 도구를 시험할 것이고, 반복적인 제작-학습 루프 과정을 통해 디자인을 개선하며 배워 나갈 것이다!

갑자기 이 질문들이 다르게 와 닿을 것이다. 윤리는 중요한 것이기는 하지만, 디자인 용어로 논의하기에는 어색한 감이 없지 않다. 위의 세 가지 질문에 대한 답만 놓고 보자면, 이단자의 포크는 그 목적에 맞게 잘 디자인된 도구라고 말할 수도 있을 것이다. 하지만 이 디자인을 좋은 디자인이라고 할 수 있을까? 여기에서 '좋은good'이라는 단어는 윤리적으로 옳다는 의미를 내포하고 있으며, 대부분 사람은 고문이 윤리적으로 옳지 못한 행위라는 것을 알고 있다. 악한 목적에 맞게 잘 디자인된 도구라고 말하는 게 가장 정확한 표현인지도 모르겠다. 어떤 한 디자이너가 비난받을 만한 것을 아주 잘 만들어 낸 것이라고 할 수 있다. 어떤 사람들에게는 도움이 되지만 또 다른 사람들에게는 해를 끼치는 물건들을 꽤 자주 볼 수 있다. 울타리나 총은 어떤 입장에서, 어떤 상황에서 바라보느냐에 따라 좋은 게 될 수도 있고 나쁜 게 될 수도 있다. 또 어떤 것은 한 사람에게 도움이 되는 동시에 해를 끼치기도 한다. 여러분 주위를 둘러보면, 우리 삶에 윤리적 복잡성을 가진 많은 디자인 제품들이 있다는 사실을 알게 될 것이다.

카지노의 슬롯머신을 한번 생각해 보자. 사람들의 턱 밑을 날카로운 스파이크로 위협할 일이 없는 슬롯머신은 악의가 없어 보이지만, 아주 교묘하게 디자인된 기계다. 슬롯머신을 돌리면 당첨될 확률은 분명히 존재하지만, 언

제 당첨될지는 아무도 모른다. 당첨 확률이 낮은 조건에서 당첨은 도박에 대한 중독성을 극대화하는 수단으로 작용하기도 한다. 제품 디자인 전문가이자 《배드애스 Badass: Making Users Awesome》의 저자인 캐시 시에라 Kathy Sierra 는 다음과 같이 설명한다.

 B.F. 스키너 B.F. Skinner 의 가장 중요한 발견 중 하나는 지속적인 보상이 아닌 간헐적인 보상으로 강화된 행동을 끊기가 가장 어렵다는 것이다. 다시 말해서, 간헐적 보상이 예측 가능한 보상보다 더 강력한 힘을 발휘한다. 이 행동주의 이론은 대부분의 동물을 훈련시키는 데 기초가 되고 있을 뿐 아니라 인간에게도 적용될 수 있다. 이 이론은 사람들이 슬롯머신에 중독되지 않고도 슬롯머신에 푹 빠질 수 있는 이유를 설명해 준다.[103]

---

103) Kathy Sierra, "Is Twitter Too Good?" Passionate, blog post, March 2007, https://headrush.typepad.com/creating_passionate_users/2007/03/is_ twitter_too_.html.

스냅챗, 페이스북, 인스타그램이 우리에게 '좋아요'나 댓글 알림을 보내는 방식에도 그와 비슷한 이론이 적용됐다고 볼 수 있다. 소셜 미디어 알림 기능은 스키너가 쥐에게 간식을 줬던 방식과 비슷하게 우리가 반길 만한 소식을 간헐적으로 알려 주는 역할을 한다.《스마트폰과 이별하는 법How to Break Up with Your Phone》의 저자 캐서린 프라이스Catherine Price는 스마트 폰 앱이 슬롯머신의 중독성을 그대로 모방해 디자인됐으며, 알림, '좋아요', 메시지와 같은 부가 기능은 우리의 기분을 좋게 만드는 도파민 방출을 증가시킨다고 말한다. 작가 레이철 사스로Rachel Saslow는 한 기사에서 프라이스의 책에 대해 언급하며 "우리 뇌는 휴대 전화를 확인하는 것과 심리적 보상을 얻을 수 있는 가능성을 결부시키는 법을 알게 됐다."고 경고했다.[104] 새로운 이메일이나 '좋아요' 알림이 언제 올지 모른다는 그 불확실성이 사람들을 중독으로 몰아넣는 동력이 된다. 우리는 도파민이 곧 방출될지도 모른다는 기대에 힘입어 하루 평균 57번이나 휴대 전화를 확인한다.[105]

소셜 미디어와 슬롯머신을 만든 디자이너들은 사람들이 좋아하는 것을 제공함으로써 이익을 얻고 있다고 말할 수도 있다. 또, 뭐가 문제냐고 물을 수도 있다. 슬롯머신을 즐기는 사람들은 돈을 딸 생각으로 슬롯머신을 돌리는 게 아니라고 말할 것이다. 그들은 그저 그게 하고 싶어서 할 뿐이다. 그렇다면 윤리적 기준은 어디에 있는 걸까? 중독이란 그 행동의 결과가 해롭다는 것을 알면서도 자신의 행동을 통제하지 못하는 것을 의미한다. 사람들이 자신

---

104) Rachel Saslow, "How to Stop Looking at Your Phone," Vox, October 23, 2019, https://www.vox.com/the-highlight/2019/10/15/20903620/ phone-addiction-stop-looking-at-your-smartphone.
105) Abrar Al-Heeti, "Americans Are Checking Their Phones Now More Than Ever, Report Says," CNET, November 12, 2018, https://www.cnet.com/ news/americans-are-checking-their-phones-now-more-than-ever- report-says.

이 사용하는 시스템이 어떻게 작동하는지 알아야만 한다면, 그것은 어떤 권리에 해당할까? 자신이 사용하는 시스템이 실제로 어떻게 작동하는지, 우리를 기분 좋게 해 주는 것들이 실제로 우리에게 어떤 악영향을 미칠 수 있는지 알게 된다면, 사람들의 생각이 좀 달라질지도 모른다.

스히폴 공항의 길 찾기 시스템과 달리 카지노는 정반대의 디자인을 추구한다. 카지노는 미로처럼 만들어져 있다. 나타샤 다우 슐Natasha Dow Schüll은 자신의 책 《디자인에 의한 중독Addiction by Design: Machine Gambling in Las Vegas》에 디자인 컨설턴트 빌 프리드먼의 말을 이렇게 인용하고 있다. "미로 형식의 구조는 방문객들이 바로 앞에 있는 기계에 집중하도록 만든다. 짧고 좁은 복도 끝에 있는 슬롯머신 화면들은 일제히 방문객을 향해 있다. 미로 같이 좁고 복잡한 복도를 지나다니며 부딪치지 않으려면 사람들은 기계에 집중할 수밖에 없다. 카지노 방문객이 도박을 좋아하는 성향을 가지고 있다면, 그런 미로 형식의 구조가 그의 욕구를 자극할 것이다."[106] 보통 카지노에서는 시계나 자연광을 구경할 수 없어 시간이 어떻게 흘러가는지도 알 수 없다.

미로 같은 카지노 뒤에 숨겨진 이러한 의도는 템플 그랜딘Temple Grandin이 보다 인도적인 도축장을 개발하기 위해 떠올린 발상과 닮아 있다. 그랜딘은 가축 시설에 직선이 아닌 곡선으로 된 통로 디자인을 사용했고, 가축과 인간이 '올바른right' 방향으로 나아갈 수 있도록 하기 위한 도축장과 축사를 설계했다.[107] 카지노와 도축장이 서로 너무 동떨어져 보인다면, 슈퍼마켓을 떠올

---

106) Natasha Dow Schüll, Addiction by Design: Machine Gambling in Las Vegas (Princeton University Press, 2012)에서 재인용.

려 보자. 우리가 주로 먹는 우유나 계란 같은 식품들이 슈퍼마켓 안쪽에 진열돼 있는 데에는 다 그만한 이유가 있다. 그것들을 구입하려면 적어도 통로 하나는 더 걸어 들어가야 하거나, 수익성이 높은 상품 수십 개를 더 지나쳐 가야 한다. 슈퍼마켓의 상품 진열 방식은 특가 상품이나 세일 상품과 같은 상품 구성, 각 상품의 위치 모두 고객의 행동에 영향을 주기 위해 매우 신중하게 결정된다.[108]

기업들이 수익을 창출하기 위해 창의적인 방식으로 고객들의 동선을 늘이고 있다는 사실은 그리 놀랍지 않다. 그런데 그들은 고객들의 이익에 반하는 일을 하고 있다. 기업들은 이제 고객의 시간을 일종의 외부성으로 생각한다. 넷플릭스 최고 경영자[CEO] 리드 헤이스팅스[Reed Hastings]는 최근 이렇게 말했다. "여러분이 정말 꼭 보고 싶은 영화를 볼 수 있게 된 겁니다, 밤늦게까지 볼 수밖에 없죠. 우리의 경쟁 상대는 잠입니다. 그리고 그 경쟁에서 우리가 이기고 있어요!"[109] 수면은 사실상 전국가적인 건강 문제고, 기술의 발전이 그 문제에 일조하고 있다. 1910년 미국인의 평균 수면 시간은 9시간이었다. 2013년, 100년 전보다 여가 시간이 더 많아졌음에도 불구하고 미국인의 평균 수면 시간은 6.8시간으로 줄었다.[110] 수면 부족과 함께, 심장병, 비만, 제2형 당

107) Two resources that illustrate the relationship between architecture and behavior are Karin Jaschke and Silke Ötsch's edited volume Stripping Las Vegas: A Contextual Review of Casino Resort Architecture (University of Weimar Press, 2003) and Ryan Bell's "Temple Grandin, Killing Them Softly at Slaughterhouses for 30 Years,"National Geographic, August 19, 2015, https://www.nationalgeographic.com/people-and-culture/food/the-plate/2015/08/19/temple-grandin-killing-them-softly-at- slaughterhouses-for-30-years.
108) Emma Kumer, "The Real Reason Your Grocery Store Milk Gets Put in the Back," Taste of Home, https://www.tasteofhome.com/article/the-real- reason-your-grocery-store-milk-gets-put-in-the-back.
109) "Netflix CEO Reed Hastings: Sleep Is Our Competition"에서 재인용, Fast Company, November 6,2017, https://www.fastcompany.com/40491939/netflix-ceo-reed-hastings-sleep-is-our-competition.
110) Neil Howe, "America the Sleep-Deprived," Forbes, August 18, 2017, https://www.forbes.com/sites/neilhowe/2017/08/18/america-the- sleep-deprived.

뇨병 같은 질환들, 즉 유전적 요인보다 습관 같은 후천적 요인에 의해 주로 발생하는 질환들의 발생 건수가 지난 수십 년간 폭발적으로 증가했다. 상황이 이렇게 된 데에는, 각종 편의 시설을 통해 고객들에게 더 많은 음식을 판매하고, 더 중독성이 강한 음식을 디자인하고 만들어 이윤을 창출하고 있는 식품 산업의 책임도 일부 있다.[111]

갈등을 일으키는 디자인이란 사람들 사이에 긴장을 조성하는 문제가 발생하는 경우를 말한다. 비행기의 가운데 좌석에서 팔걸이를 놓고 싸울 때, 여러분의 팔꿈치를 치거나 뒤에서 발로 여러분의 팔꿈치를 건드리는 사람을 탓하기 쉽다. 그럴 때 여러분이 기억해야 할 것은, 누군가가 그 좌석을 그렇게 디자인했다는 사실이다. 그 디자이너는 어떤 문제를 해결하려고 했을까? 더 많은 사람을 비행기에 태우게 되면 항공사가 더 많은 이윤을 창출할 수 있을 것이다. 그렇다면 옆 좌석에 앉은 사람을 불쾌하게 만들지 않을 방법은 없었

---

111) Walter C. Willett et al., "Prevention of Chronic Disease by Means of Diet and Lifestyle Changes," from Disease Control Priorities in Developing Countries 2, D.T. Jamison et al., eds. (Oxford University Press, 2006).

던 걸까?[112] 이그나이트 시애틀Ignite Seattle 행사에서 인테리어 디자이너 보니 톨랜드Bonnie Toland는 "가끔 우리는 어떤 한 제품이 만들어진 방식을 두고, 그 제품의 디자인이나 디자이너 대신 사용자인 우리를 서로 탓합니다."라고 말했다.[113] 우리의 이웃이나 비행기 옆 자리에 앉은 사람 탓할 생각만 하고 정작 그런 문제가 될 만한 상황을 만들어 낸 사람들은 잊고 만다. 이 같은 현실은 아래의 마지막 네 번째 질문과 연결된다.

4. 당신이 한 일로 현재 혹은 미래에 피해를 볼 수 있는 사람은 누구인가?

아무리 좋은 디자인이라고 해도 누군가에게 부정적인 영향을 줄 수 있다. 누군가를 배제하는 디자인이라면 그 사실만으로도 누군가는 상처를 받을 수도 있다. 아니면 여러분의 경쟁 상대, 퇴출된 사람, 업무량이 늘어난 사람, 원하지 않는 새로운 것을 배워야 하는 사람을 피해자라고 볼 수도 있을 것이다. 부정적인 영향을 줄이는 것만큼 세상을 더 나은 곳으로 만드는 방법이 있을까? 의사들은 히포크라테스 선서를 한다. 그 선서문에는 이런 구절이 포함돼 있다. "무엇보다, 해를 입히지 말라." 그러나 디자이너, 엔지니어, 경영진, 정치인들은 그런 신조 같은 건 갖고 있지 않다.[114]

웨이즈Waze와 다른 내비게이션 앱들이 사용자에게 잘 알려지지 않는 경로

---

112) Tim Wu, "Why Airlines Want to Make You Suffer," The New Yorker, December 26, 2014, https://www.newyorker.com/business/currency/ airlines-want-you-to-suffer.

113) Bonnie Toland, "Design for Conflict," Ignite Seattle lecture, June 10, 2019; available on YouTube at https://www.youtube.com/watch?v=l6hG2-jUaOI.

114) Mike Monteiro, Ruined by Design: How Designers Destroyed the World, and What We Can Do to Fix It (Mule Books, 2019).

를 제안하기 시작했을 때, 그들은 자신들의 제안으로 조용한 주택가가 피해를 입게 될 것이라고는 전혀 예상치 못했을 것이다.[115] 사람들을 연결해 주기 위해 만들어진 페이스북은 오히려 사람들을 양극화시키고 분열시키는 효과를 초래하기도 했다(그런데 페이스북 창업자인 마크 저커버그는 이 문제가 아닌 다른 문제에 대해 사과했다).[116] 에어비앤비Airbnb는 임대료 상승을 초래했다.[117] 객관적이며 중립적일 거라고 기대했던 인공지능은 성이나 인종과 관련해 편향된 판단을 내리기도 한다(훈련용 데이터가 편향돼 있다면, '지능' 역시 편향될 수밖에 없다).[118] 디자이너들은 자신들이 의도치 않은 갈등과 문제들을 꾸준히 만들어 내고 있다.

115) Lisa W. Foderaro, "Navigation Apps Are Turning Quiet Neighborhoods into Traffic Nightmares," New York Times, December 24, 2017, https://www. nytimes.com/2017/12/24/nyregion/traffic-apps-gps-neighborhoods. html.

116) Rob Crilly, "Mark Zuckerberg Apologises for the Way Facebook Has Been Used to Divide People," The Telegraph, October 1, 2017, https://www. telegraph.co.uk/news/2017/10/01/mark-zuckerberg-apologises-way- facebook-has-used-divide-people.

117) Kyle Barron et al., "Research: When Airbnb Listings in a City Increase, So Do Rent Prices," Harvard Business Review, April 2019, https://hbr. org/2019/04/research-when-airbnb-listings-in-a-city-increase-so-do- rent-prices.

118) Scott Fulton III, "What Is Bias in AI Really, and Why Can't AI Neutralize It?" ZDNet, July 17, 2019, https://www.zdnet.com/article/what-is-bias-in-ai- really-and-why-cant-ai-neutralize-it.

여러분은 많은 도시에서 이른바 적대적 디자인 혹은 적대적 건축이라고 불리며 의도적으로 갈등을 일으키는 디자인을 발견할 수 있을 것이다. 외부인이 들어오는 것을 막기 위해 성 주위를 둘러서 판 해자(垓子)가 만들어지는 것처럼 어떤 도시들은 사람들이 도시 공간을 이용하지 못하도록 막는다. 프랑스 마르세유의 한 거리에 있는 이 계단을 그 예로 들어 보자. 사진을 보면 돌계단에 볼트를 박아 사람들이 그곳에 앉거나 눕지 못하도록 했다. 보통 공공장소에 더 많이 의존하는 젊은 사람들, 노숙자들, 가난한 사람들이 이런 적대적 건축의 영향을 가장 크게 받는다.

그러나 이런 결정은 알게 모르게 모든 사람에게 영향을 미친다. 적대적 건축은 흔히 불편을 가중시키기 때문이다. 도로와 도로경계석 사이를 완만하게 연결해 주는 작은 경사로와 같은 포용적 디자인이 모두에게 부수적인 혜택을 제공하는 것처럼, 적대적 건축은 모두에게 부수적인 피해를 줄 수 있다. 예를 들어, 볼트가 박힌 마르세유 계단에서는 누군가가 친구를 기다릴 수도 없고, 앉아서 독서를 할 수도 없다. 사람들이 잠을 잘 수 없도록 벤치를 비스듬하게 기울여 만들거나 금속 팔걸이를 붙이면 그 벤치는 누가 어떤 용도로 사용하든 불편할 수 있다.[119] 가장 슬픈 점은 이러한 디자인은 얄팍한 시도에 불과해 정작 노숙자를 줄이는 데에는 아무런 도움도 되지 않는다는 것이다. 그저 노숙자들을 더 힘들게 할 뿐이다.

아프리카 말리에서는 천장이 낮게 디자인된 공회당이 있다. 토구나toguna라

---

119) Saoirse Kerrigan, "15 Examples of 'Anti-Homeless' Hostile Architecture That You Probably Never Noticed Before," Interesting Engineering, May 22, 2018, https://interestingengineering.com/15-examples-anti-homeless- hostile-architecture-that-you-probably-never-noticed-before.

불리는 이 공동체 공간은 주민들의 갈등을 막아주는 역할을 한다. 천장이 낮은 그 건물에서는 일어서 있기가 어려워 언쟁이 몸싸움으로 번질 가능성이 적기 때문이다.[120] 태평양 연안 북서부의 미국 원주민 부족들 사이에 전해져 내려오는 '토킹 스틱'은 발언하는 사람이 다른 사람의 간섭을 받지 않고 말할 수 있게 해 준다. 평화 또는 화합을 위한 디자인 역시 우리가 이뤄낼 수 있는 디자인 목표 중 하나다.

---

120) Kunsido, "How the Dogon People in West Africa Promote Self-Constraint in Meetings," forum post by user "Wilbert," June 26, 2017, https://forum. kunsido.net/t/how-the-dogon-people-in-west-africa-promote-self- constraint-in-meetings/381.

19

해결책은
문제를
낳는다

How Design Makes the World

**How
Design
Makes
the
World**

모든 의사가 여러분에게 잠이 중요하다는 사실을 강조해 말하겠지만, 막상 병원에 입원해 보면 어디에도 그런 사실이 반영돼 있지 않다. 가장 선진화된 의료 기관에서조차 환자가 편안하게 휴식을 취하고 잠을 자기란 상당히 어렵다. 고대 그리스에는 심리적 치유를 염두에 두고 디자인된 치유의 성전인(역사상 최초의 종합 병원이라 할 수 있다) 아스클레피온asclepeion이 있었다. '성전 수면temple sleep'이라는 일반적인 치료법에서 환자가 성전 중앙에 편안하게 누워 있으면 사제는 향을 피우거나 기도문을 읊으며 환자가 자연스럽고 편안하게 잠이 들어 꿈을 꿀 수 있도록 유도했다. (그리스 사원보다 먼저 지어진 것으로 보이는 이집트 사원 역시 이런 치료법을 행했다.)

그들은 신들이 환자를 치료하기 위해 꿈에 나타나기를 바랐지만, 꿈에 나타나지 않을 경우에는 사제가 좀 더 현실적인 처방을 내렸다. 그 처방은 주로

목욕하기나 체육관 가기와 같이 간단한 것들이었다(피 뽑기부터 뇌엽절제술
에 이르기까지 과거 돌팔이 의사들이 내렸던 엉뚱한 처방의 긴 역사를 생각
하면 이는 훌륭한 처방이었다).

어찌된 일인지 환자를 위한 수면에 대한 이런 기본적인 지식과 지혜는 언
제부턴가 종적을 감췄다. 한꺼번에 일어난 일은 아니었다. 전자식 정맥 주입
장치, 신원 조회용 ID 스캐너, 인터콤, 인공호흡기, 전화기, 심박계와 같은
새로운 발명품이 하나둘씩 병원에 들어와 자리를 잡았다. 새롭게 디자인된
것들은 병원에서 작은 문제들을 성공적으로 해결하면서 점차 새로운 문제를
만들어내기 시작했다. 각 기기의 경보음, 깜박거리며 상태를 알려 주는 표시
등 같은 것들은 다른 기기들과 상관없이 개별적으로 디자인돼 오히려 환자
를 치료하는 데 방해가 되고 있다. 간호사와 직원들에게 피해를 주고 있지만,
환자들에게도 해롭기는 마찬가지다. 병원에서는 워낙 흔한 문제여서 의료계
에서는 이를 두고 경보 피로alarm fatigue라 부른다.

《뉴욕타임스》 기자 에밀리 S. 루엡Emily S. Rueb은 기사에서 이렇게 설명한다.
"환자 한 명이 사용하는 기기들이 내는 경보음이 매일 수백 회에 달하고, 환
자를 돌보는 사람들은 어느 기기에서 소리가 나는지, 환자에게 별 이상은 없
는지 확인하느라 진땀을 뺀다."121) 경보가 잘못 울릴 때가 많고, 경보에 둔감
해져 실제 경보를 제때 확인하지 못하면 환자 사망으로 이어질 수도 있다. (
루엡에 따르면, 2005년부터 2008년까지 경보에 제때 반응하지 못해 사망한

---

121) Emily S. Rueb, "To Reduce Hospital Noise, Researchers Create Alarms That Whistle and Sing,"
New York Times, July 9, 2019, https://www.nytimes. com/2019/07/09/science/alarm-fatigue-
hospitals.html.

환자 수가 500명이 넘는다.) 의료 기기들의 경보음이 의료진에게 제때 잘 전달된다고 해도, 보통 죽어 가는 환자들이 마지막으로 듣는 소리는 다양한 경보음의 불협화음이다.

의사들은 적어도 고대 그리스나 고대 이집트 시절부터 소음이 사람에게 스트레스를 준다는 사실을 잘 알고 있었다.[122] 의료 활동뿐 아니라 의료 데이터를 분석해 통계를 내는 데에서도 두각을 나타낸 플로렌스 나이팅게일은 불필요한 소음을 '가장 잔혹한 학대'라고 했다.[123] 대개 발명품들은 예기치 못한 문제들을 동반하는 트로이 목마가 되는 경우가 많다

앞서 여러 장에 걸쳐 살펴본 다양한 주제를 여기서 다시 되짚어 볼 수 있다. 예컨대, 병상에서 많은 시간을 보낸 적이 없거나 한참 바쁜 시간에 간호사로 근무해 본 적이 없는 디자이너들은 배제 습관을 갖고 있기가 쉽다. 의료 기기를 만든 디자이너들 중 그 누구도 '환자와 간호사를 짜증나게 하는 것'을 목표로 하지 않았음에도 불구하고, 예상치 못한 문제가 발생했다. 그들은 환자와 간호사에 대해 충분이 연구하지 않았다. 의도치 않은 문제들을 미리 예측하고 사전에 예방할 수 있는 해결책을 찾기 위해서는 그들에 대해 더 깊이 연구하고 배웠어야 했다. 그들의 제작-학습 루프가 어떤 방식으로 이루어졌든지 간에, 그들은 실제 현장에서 자신들이 가진 아이디어를 프로젝트 초반에 미리 시험해 보는 과정을 거치지 않았다. 또 여기서 환자들은 별다른 선

122) Austin Frakt, "Why Hospitals Should Let You Sleep," New York Times, December 3, 2018, https://www.nytimes.com/2018/12/03/upshot/why- hospitals-should-let-you-sleep.html.
123) Christner Inc., "The Most Cruel Absence of Care"에서 재인용, December 13, 2017, https://christnerinc.com/blog/the-most-cruel-absence-of-care.

택권이 없는 캡티브 커스터머나 다름없다. 자신이 입원해 있는 병원의 장비가 마음에 들지 않는다고 해도, 다른 병원으로 쉽게 옮길 수 없기 때문이다.

디자이너가 할 수 있는 것을 제한하는 조직적인 시스템이 존재할 수도 있다. 의료 기기 경보 시스템의 국제 기준 규격인 IEC 60601-1-8은 한 번도 제대로 시험해 본 적 없는 여섯 가지 음만을 사용하도록 규정하고 있으며, 어떤 경우에는 그 음의 조합이 악마의 음정devil's interval('파#'F-sharp과 '도'C처럼 세 온음 차이가 나는 음)이라고 불리는 불협화음을 만들어 내기도 한다. 그 소리가 얼마나 불쾌한지, 이 불협화음 속에 악마가 살고 있다고 믿었던 중세 시대 교회에서는 사용이 금지됐을 정도다.[124]

IEC 60601-1-8은 숙달된 디자이너들로 구성된 전문 팀이 아닌 한 위원회가 결정했다. 그 위원회 위원 중 한 명인 프랭크 블록은 위원회가 내린 결정에 대해 사과하며 이렇게 말했다. "우리가 할 수 있는 최선을 다했지만, 그 소리가 아주 형편없었습니다."[125] 또 일부 제조업체는 자신들이 만든 의료 기기의 경보음이 잘 들리지 않는다는 불만이 제기되면 자신들이 법적 책임을 져야 하거나 소송에 휘말리게 될까 봐 우려했다. 다시 말해서, 비용 발생(법적 책임을 회피하는 것도 외부성에 속한다)에 대한 그들의 걱정이 사용자의 건강을 위험에 빠트릴 수 있는 디자인을 선택을 하도록 만든 것이다.

누군가는 병실에서 일어나고 있는 일을 디자인 충돌이나 주의를 끌기 위

124) Judith Kogan, "The Unsettling Sound of Tritones, the Devil's Interval," All Things Considered, NPR radio program; transcript posted October 31, 2017; available at https://www.npr.org/2017/10/31/560843189/the-unsettling- sound-of-tritones-the-devils-interval.
125) Rueb, "To Reduce Hospital Noise."

한 경쟁으로 바라볼 수도 있다. 우리의 일상은 디자인 충돌로 가득 차 있다. 페이스북 메신저, 왓츠앱^{WhatsApp}, 이메일, 문자 메시지와 같은 커뮤니케이션 도구는 비슷한 기능을 제공하지만, 누군가와 실제로 대화를 나눌 수 있는 것은 아니다. 독자적인 디지털 파일 형식은 보다 더 일반적으로 사용되는 파일 형식으로 변환하기가 어렵다. 휘발유를 사용하는 낙엽 청소기, 오토바이, 버스나 지하철에서 휴대 전화로 시끄럽게 통화하는 사람들은 우리가 다른 소리를 듣기 어렵게 만든다. 국가별로 사용하는 전기 콘센트 플러그 디자인도 다 다르다. 핫도그 소시지는 12개씩 포장돼 나오지만, 핫도그 빵은 8개씩 포장돼 있다. 어떻게 보면 디자이너들은 서로 전쟁 중이다. 내가 사는 미국에서 사람들이 만들어 낸 도시 풍경이 펼쳐져 있는 번화가에 죽 늘어서 있는 상점들과 식당들을 보면, 치열한 경쟁 속에서 수십 개의 디자인을 앞다퉈 드러내며 각자 자기만의 메시지를 외치고 있다.

물론 모든 것이 하나의 체제 아래 엄격하게 규제되고 표준화된 세상에 살고 싶은 것은 아니다. 그러한 접근법에도 문제가 있을 수 있다. 그리고 디자이너는 자기 생각에 고립된 상태에서 디자인을 했을 때, 그 결과가 얼마나 참혹할 수 있는지 이해해야 한다. 새로운 무언가를 만들면서 이미 그 자리에 존재하고 있는 모든 것과의 조화를 무시한다면 그 결과물은 이미 실패한 것이나 다름없으며, 뒤따라 세상에 나올 것들까지도 망칠 수 있다.

핀란드 건축가 엘리엘 사리넨Eliel Saarinen은 이 같은 문제들을 피하는 데 도움이 될 간단한 방법을 알고 있었다. "항상 더 큰 맥락에서 그 대상을 생각해 보고 디자인해야 합니다. 방 안의 의자, 집 안의 방, 환경 속의 집, 도시 계획 안에서의 환경을 생각할 줄 알아야 합니다."[126] 디자이너들이 이런 사고방식을 가질 때, 그들이 목표로 하는 디자인도 더 훌륭해질 수 있다. 즉 자기 디자인만 생각하고 고집하는 아집을 버리고, 무언가를 만드는 즐거움에 빠져들 수 있다.

역사적으로 중요한 도시들이나 일본이나 네덜란드 같이 디자인 문화가 강한 나라들을 방문할 때마다, 그곳의 사물들이 조화를 이루는 방식에 어떤 일관성이 있다는 것을 알 수 있다. 모든 사람이 디자인이 충돌하는 것을 막기 위해 어떤 때는 암묵적으로 또 어떤 때는 법에 이끌려 간단한 원칙들에 동의했다. 그리고 그러한 합의 덕분에 모든 사람이 더 매력적이고, 덜 긴장되고, 더 인간적인 장소에서 혜택을 얻으며 살고 있다. 사람들은 그런 곳에서 더 많은 시간을 보내고 싶어 하고, 그런 곳에서 사업을 하는 이들은 관심을 끌기 위해 굳이 비명을 지르지 않고 계속 번창해 나갈 수 있다.

---

126) Hadley Keller, "AD Remembers the Extraordinary Work of Eliel and Eero Saarinen"에서 재인용, Architectural Digest, July 31, 2014, https://www.architecturaldigest.com/story/saarinen-father-and-son.

디자이너들이 서로 치열하게 경쟁해야 하는 어려움이 없더라도, 디자인
이 그 디자인의 기능을 위협하는 더 어려운 문제가 생길 수도 있다. 즉 디자
인의 성공이 결국 그 디자인의 기능을 망쳐 버리는 것이다.

1950년대에 미국이 주간 고속도로를 건설했을 때, 자동차는 놀라운 혁신
이었다. 그 전까지는 교외에서 이용할 수 있는 교통수단이 런던이나 뉴욕 같
은 도시를 오가는 철도에 한정돼 있었지만, 자동차는 사람들이 거의 모든 곳
으로 출퇴근을 할 수 있게 해 줬다. 도로망이 확대되면서 자동차 소유의 효용
성도 높아졌다. 순전히 자동차 때문에 도시의 인구가 줄어들었고, 주택 소유
자가 늘어났다(연방 정부의 대출과 값싼 부동산도 한몫했다).

《무소(無所)의 지리학The Geography of Nowhere》의 저자 제임스 하워드 쿤슬러James
Howard Kunstler는 자동차의 위력을 독특하게 묘사했다. "역사상 이와 같은 것은
없었다. 자동차는 매일 한 장소에 머물러야 하는 속박에서 벗어날 수 있게 해

주는 기계였다. 마음껏 여행할 권리, 마음껏 달릴 수 있는 광활한 영토, 삶이 버거울 때마다 길을 따라 떠나는 국가적 전통이 있는 미국과 같이 자유로운 나라에서 자동차는 그야말로 축복이었다."[127] 인터넷과 휴대 전화의 혁명적 영향에 대해서도 비슷한 찬사가 이어졌다.

그런데 30년 정도 지나자 자동차 산업이 너무 큰 성공을 거두면서 그 산업을 지탱하는 도시 인프라의 균형이 깨지기 시작했고, 오늘날에는 아주 엉망이 돼 버렸다. 도시에서는 교통 체증이 일상다반사가 돼 가까운 거리조차 이동 시간이 두 배에서 세 배는 더 길어졌다. 혼잡한 지역에 더 많은 도로를 증설한다 해도 교통 체증은 해결되지 않는다. 그저 더 많은 사람들이 운전하도록 부추길 뿐이고, 그들은 또 다시 똑같은 교통 체증을 겪게 될 뿐이다. 이러한 반직관적인 사실을 '유발 수요induced demand'라고 하며, 도시를 지역 전체가 아닌 교통 시스템으로만 생각하고 대응할 때 우리가 겪을 수 있는 현상 중 하나다.[128] 시스템은 피드백 루프의 영향을 받게 되고, 이는 디자인 변화가 예측하기 어려운 결과로 이어질 수 있음을 의미한다. 사람들은 교통 체증을 겪으면서 매우 불쾌해하지만, 자신들이 그런 교통 시스템의 일부라는 사실은 잊는다. 그들을 뒤따라 운전하고 있는 다른 운전자들에게는 그들 역시 '교통 체증'이다.

이런 사실은 디자이너들에게 골치 아픈 소식이 될 수 있다. 간단히 말해

---

127) James Howard Kunstler, The Geography of Nowhere: The Rise and Decline of America's Man-Made Landscape (Free Press, 1994).
128) Stephen Moss, "End of the Car Age: How Cities Are Outgrowing the Automobile," The Guardian, April 28, 2015, https://www.theguardian. com/cities/2015/apr/28/end-of-the-car-age-how-cities-outgrew-the-automobile.

서, 자동차 디자인을 실패로 이끈 것은 다름 아닌 자동차 디자인의 엄청난 성공이었다. 또 노후화된 다리와 고속도로를 보수하는 데 수십억 달러가 필요한 대규모 인프라를 감안할 때, 도시의 교통 체증을 줄이려면 더 많은 도로 증설이 아니라 자동차 사용을 줄이는 방법으로 해결해야 한다. 어떤 도시든 도로가 엄청난 공간을 차지하고 있고 그 도로를 달리는 많은 차의 탑승률은 낮아서 기차나 버스와 비교하면 자동차는 그야말로 비효율적 교통수단이다.[129] 버스, 자전거, 기차는 이제 도시 교통을 위한 최고의 선택이 될 가능성이 높다(환경에 큰 영향을 미치지 않는다는 점을 생각하면 늘 최고의 디자인 선택이었는지도 모른다). 도시가 더 효율적으로 움직일 수 있는 방식으로 변화하기 위한 다양한 디자인을 선택하기까지는 적어도 한 세대가 바뀌어야 할지도 모른다. 리옹, 버밍엄, 심지어 런던에서도 새로운 방식을 도입했다. 우리는 코펜하겐이나 암스테르담 같은 자전거 중심의 평화로운 도시에서 배울 수 있는 교훈을 잊어서는 안 된다.

129) Jarrett Walker, "The Photo That Explains Almost Everything," Human Transit, September 21, 2012, https://humantransit.org/2012/09/the-photo-that-explains-almost-everything.html.

모든 디자인, 심지어 첨단 기술 디자인도 '문제를 일으킬 수 있는 성공'이라는 위험 요소를 똑같이 가지고 있다. 휴대 전화의 광범위한 사용은 역사상 가장 큰 기술적 변화 중 하나지만, 그 성공은 운전 중 주의 분산, 모든 종류의 멀티태스킹, 동영상 몰아 보기, 소셜 미디어 중독 등이 우리 삶의 일부가 됐음을 시사한다. 즉 볼린의 안전벨트와 같이 문제를 해결할 수 있는 새로운 디자인을 찾아낼 수 없다면, 적어도 우리가 만들어 낸 것이 가지고 있는 문제에 적절히 대응하고 단점을 보완할 수 있어야 한다. 이렇게 생각하는 사람은 거의 없겠지만, 대부분의 디자인은 기존 디자인을 다시 디자인한 것이나 다름없다. 즉 우리가 지금 알고 있는 것을 이전에 만들어진 디자인 선택에 적용하는 것이라 할 수 있다.

우리는 인터넷이 광고에 의존하도록 집단적으로 선택했다. 우리의 그런 선택은 모든 것이 무료인 것처럼 보이게 하는 효과를 내지만, 온라인에서 어떤 것이 무료라는 것은 우리 데이터가 광고주에게 팔리고 있음을 의미한다는 사실을 배웠다. 이러한 사실이 우리가 현실을 인식하는 데 어떤 영향을 미치는지 정확히 이해하기는 어렵다. 구글, 페이스북, 유튜브가 제공하는 무료 미디어에 대한 검색 결과 중 가장 상위에 표시된 결과들은 단기 수익을 염두에 둔 기업들이 만들어 낸 알고리즘에 의해 결정된다. 그들은 사람들의 감정을 자극하는 콘텐츠가 큰 관심을 끌 수 있고 광고 매출을 높이기에 더 좋다는 사실을 잘 알고 있다. 이런 기업들은 그 미디어가 전달하는 동영상과 기사의 정확도나 품질에 상관없이 일단 그 콘텐츠를 사람들과 공유하는 데 급급하다. 슬롯머신을 생각할 때와 마찬가지로 우리는 공정한 알고리즘이 존재한다고 상정하지만, 꼭 그렇지만은 않다는 것을 이제 우리는 알고 있다.

제품 매니저인 제임스 메이스는 이 같은 미디어 관련 서비스를 디자인하고 구축하는 사람들을 위한 제품 윤리 평가 테스트를 제안했다. 메이스는 그 테스트에서 이렇게 묻는다. "사용자들 앞에 서서 귀사의 제품이 사용자의 행동을 어떤 식으로 유도하거나 조종하는지 설명할 수 있겠습니까?" 현재까지 아무도 그 테스트에 자발적으로 응하지 않았다.[130] 대부분 국가에서 식품, 의약품, 전자 제품, 심지어 방송 매체의 안전성에 대한 규제를 하고 있지만, 온라인 콘텐츠의 안전성에 대한 규제는 미약한 수준이다.

모든 변화는, 그것이 자동차나 웹만큼 성공적인 변화라 하더라도 우리에게 긍정적인 영향뿐 아니라 부정적인 영향도 미친다. 디자이너와 기업가들은 우리 삶을 발전시킨 공로가 분명히 있지만, 동시에 우리 삶의 질을 떨어뜨렸다는 점에 대해서도 책임감을 느껴야 한다.

이제 우리가 직면한 문제를 생각해 봐야 한다. 우리는 얼마나 멀리 앞을 내다보면서 디자인하고 있을까? 우리는 디자인 충돌에 대해 충분히 고민할 자세가 돼 있을까? 의도치 않은 결과에는 어떤 것들이 있을까? 사회에 기여하고 지구에서의 지속 가능한 발전을 꾀하면서 개인의 욕구를 충족시키는 균형을 이뤄낼 수 있을까?

디자이너들뿐만 아니라 우리 모두가 곰곰이 생각해 봐야 할 질문들이다. 권력을 가진 누군가가 결정하면 또 다른 누군가는 그 대가를 지불해야 하는

---

130) James Mayes, Twitter post, February 24, 2018, https://twitter.com/james_mayes/status/9674 36803451117575.

구조이기 때문에 사회, 정부, 기업이 함께 머리를 맞대고 협력해 우리가 앞으로 나아갈 방향을 정하고 합의를 이끌어 내야 한다.[131] 한 집단만 노력해서는 아무것도 해낼 수 없다. 즉 훌륭한 디자이너들이 힘 있는 결정권자들과 동료 시민들을 바르게 안내하고, 그들을 설득하고, 그들과 협력하는 능력을 발휘할 때 우리는 더 나은 세상을 만들 수 있을 것이다.

20
어떻게 볼 것인가:
디자인
체크 리스트

How Design Makes the World

　여러분이 이 책에서 배운 아이디어를 활용하는 데 도움이 될 만한 간단한 체크 리스트를 소개하려고 한다. 언제 어디서나 무엇을 위해서든 사용할 수 있는 체크 리스트다.

4가지 질문

1. 무엇을 개선하고자 하는가?

2. 누구를 위해 개선하려고 하는가?

3. 당신의 디자인 결정이 옳다는 것을 어떻게 확인할 것인가?

4. 당신이 한 일로 현재 혹은 미래에 피해를 볼 수 있는 사람은 누구인가?

주변에서 보고 접할 수 있는 디자인 관찰하고 질문하기

• 무엇을 개선하려고 했는가?

- 누구를 위해 개선하려고 했는가?

- 얼마나 성공적으로 해냈는가?

- 그것의 단점을 설명할 수 있는 숨겨진 제약이 있다면 무엇인가?

- 이러한 결정을 내린 힘 있는 사람들은 누구인가?

- 누가 비용을 지불했는가?

- 사람이 먼저였는가, 아니면 기술이나 조직이 먼저였는가?

- 그 디자인의 스타일이 전하는 메시지는 무엇인가? 누구를 포용하고 누구를 배제하는가?

- 이 디자인은 어떤 시스템의 일부인가?

- 자연계나 다른 문화권에서 이 문제를 해결하기 위한 더 좋은 솔루션이 나올 수 있을까? 있다면 그곳은 어디일까?

- 이 디자인은 몰입을 유도하는가, 충돌을 일으키는가?

- 이 디자인의 성공으로 발생할 수 있는 새로운 문제가 있다면 무엇인가?

- 이 모든 것을 다 어떻게 할 것인가? (잘 모르겠다면, 대화를 시도해 보자.)

행동하기

디자인으로 더 좋은 세상 만들기

세상은 넓고 이 책은 작다. 더 많은 사람들이 좋은 디자인의 중요성을 알 수 있도록 잠시 시간을 내 동참해 주기 바란다.

다음은 좋은 디자인의 중요성을 세상에 알리기 위해 여러분이 할 수 있는 일들이다.

- 이 책을 여러분이 알고 있는 리더나 영향력 있는 사람과 공유하자.
- 아마존닷컴Amazon.com에 리뷰를 작성해 사람들에게 이 책을 읽을 것을 권장하자.
- 스콧 버쿤이 이 책에 담긴 교훈들을 더 많은 사람과 나눌 수 있도록 기조연설자로 추천하자. 연설 및 강연 관련 내용은 scottberkun.com/speaking을 참조하기 바란다.
- 이 책에 모두 담지 못한 자료, 자원봉사 및 참여 방법에 대한 정보, 다른 디자인 리더들과 그들의 작업 등 다양한 소식을 받아 보기 위해

designmtw.com을 이용하자.

- 새로운 프로젝트, 디자인 관련 업데이트 등 다양한 소식이 담긴 버쿤 뉴스레터를 받아 볼 수 있도록 scottberkun.com/d-follow에서 신청하자.

여러분에게 고마운 마음을 전한다. 여러분이 생각하는 것보다 훨씬 큰 도움이 될 것이다.

디자인 더 깊이 파고들기

디자인 평론가 앨리스 로손의 《헬로 월드^{Hello World}》는 디자인 역사를 다룬 아주 훌륭한 책으로, 그래픽에서부터 산업, 디지털에 이르기까지 아주 광범위한 디자인 세계를 생생하게 기술하고 있다. 조지 넬슨^{George Nelson}의 《어떻게 볼 것인가^{How to See}》와 세라 윌리엄스 골드헤이건^{Sarah Williams Goldhagen}의 《공간 혁명^{Welcome to Your World}》은 일상생활에서 여러분이 매일 접하는 다양한 디자인을 더 잘 이해하고 생각해 볼 수 있는 기회를 줄 것이다. 팟캐스트 〈99% 인비저블^{99% Invisible}〉에서는 누구나 쉽게 이해할 수 있는 디자인 관련 콘텐츠를 제공한다.

사용자 경험(UX) 디자인에 관심이 있다면, 사용성과 인지 심리학을 이해하기 위한 입문서로 돈 노먼의 고전 《디자인과 인간 심리^{The Design of Everyday Things}》를 추천한다(개정 증보판을 보는 게 좋다). 디자인 연구를 쉽게 풀어 설명해 주는 책을 원한다면, 스티브 크룩의 《사용자를 생각하게 하지 마!^{Don't Make Me Think}》를 펼쳐 보기 바란다. 미학과 스타일에 대한 이해를 높이고 싶다면, 로빈

윌리엄스Robin Williams의 《디자이너가 아닌 사람들을 위한 디자인북The Non-Designer's Design Book》을 먼저 읽어 보자. 도시 계획에 대한 훌륭한 입문서로 게리 허스트윗Gary Hustwit의 디자인 다큐멘터리 3부작 중 마지막 편인 《어버나이즈드Urbanized》를 볼 것을 추천한다.

meetup.com/topics/ux-design에서 여러분 주변에 있는 디자인 또는 UX 디자인 밋업(meetup, 사용자들이 이벤트 일정을 잡고 직접 참가자를 모을 수 있는 플랫폼이다_옮긴이)을 찾아보기 바란다. 다른 디자이너에게 배우는 것보다 더 좋은 방법도 없다.

디자인을 업으로 삼는 방법

세계는 더 많은 그리고 더 나은 디자이너들을 필요로 한다. 여느 직업과 마찬가지로 디자인 기술을 개발하기 위해서는 경험과 멘토링이 필요하지만, 디자이너를 양성하기 위한 다양한 직업 교육 과정과 4년제 교육 과정이 마련돼 있다. 교육 과정은 어떤 유형의 디자인을 공부할지에 따라 달라질 수 있다. 미국 그래픽 아트 협회American Institute of Graphic Arts의 램 카스티요Ram Castillo가 쓴 에세이 '디자인직으로 직업 바꾸기How to Transition into a Design Career'부터 읽어 보기 바란다(aiga.org/career-transition-design-discipline-advice). 사실 많은 디자인 직종의 경우, 단순하게 연필과 종이를 가지고 개선할 점들을 고쳐 가며 새로 디자인하는 것에서 시작한다. 전문가에게 그 디자인을 보여 주고 피드백을 받으면서 배우는 식이다. 만약 그런 경험을 기꺼이 즐길 수 있다면, 계획대로 밀고 나가도 좋다. 그게 아니라면, 디자인 서포터가 되어 더 많은 사람들이 훌륭한 디자이너들의 작품을 이해할 수 있도록 도울 수도 있을 것이다.

선을 추구하는 디자인

닐 포스트먼Neil Postman의 《테크노 폴리Technopoly》는 우리의 문제를 해결하는 데 기술이 동원돼야 한다는 우리의 맹목적 믿음을 지적하는 책으로 반드시 읽어야 할 책이다. 인터넷에 정통한 사라 와터 보에처Sara Wachter-Boettcher가 최근 출간한 《잘못된 기술들Technically Wrong》도 포스트먼의 책과 그 맥을 같이 한다. 와터 보에처는 오늘날 우리가 사용하는 소셜 미디어와 하이테크의 디자인이 셀 수 없이 다양한 방법으로 온갖 편향, 조작, 속임수를 양산해 내고 있는 현상을 자세히 설명한다. 안드레아 반도니Andrea Bandoni가 공동 저자로 참여한 《책임 있는 디자인The Responsible Object》 역시 빠트려서는 안 될 책으로, 더 큰 선을 실현할 목적으로 디자인을 사용하기 위한 사회 운동의 역사를 이야기한다.

순위로 보는 참고 문헌

다음은 연구를 하는 동안 내가 관련 내용을 참고한 횟수를 기준으로 순위를 매겨 순서대로 나열한 참고 문헌 목록이다(알파벳 순서를 기준으로 나열하는 목록보다 더 좋은 디자인이다). 물론 이 방식도 완벽한 척도가 되지는 못한다. 중요한 주석 하나가 다른 수십 개보다 더 큰 영향을 내게 미쳤을 수도 있고, 부분적으로만 읽은 책들은 완독한 책들만큼 자주 언급되지 않을 것이기 때문이다. 그렇다 하더라도 이 목록은 이 프로젝트를 진행하는 동안 어떤 참고 자료가 가장 큰 영향을 미치고 중요한 역할을 했는지 짐작할 수 있게 해 줄 것이다.

(15) 《왜 디자인인가?Why Design? Activities and Projects from the National Building Museum》, 안나 슬레이퍼, 케빈 케이힐

(15) 《만화의 이해Understanding Comics: The Invisible Art》, 스콧 맥클라우드

(14) 《보이지 않는 여자들Invisible Women: Data Bias in a World Designed for Men》, 캐럴라인 크리아도 페레스

(12) 《우리가 알아야 할 도시 디자인101 101 Things I Learned in Urban Design School》, 매튜 프레더릭, 비카스 메타

(11) 《포크는 왜 네 갈퀴를 달게 되었나The Evolution of Useful Things: How Everyday Artifacts-from Forks and Pins to Paper Clips and Zippers-Came to Be as They Are》, 헨리 페트로스키

(10) 《무소(無所)의 지리학The Geography of Nowhere: The Rise and Decline of America's Man-Made Landscape》, 제임스 쿤슬러

(10) 《대체 뭐가 문제야Are Your Lights On? How to Figure out What the Problem Really Is》, 도널드 C. 가우스, 제럴드 M. 와인버그

(8) 《디자인 방법론Design Methods》, 존 크리스 존스

(7) 《사용자를 생각하게 하지 마!Don't Make Me Think: A Common Sense Approach to Web Usability》, 스티브 크룩

(7) 《건축10서The Ten Books on Architecture》, 마르쿠스 비트루비우스 폴리오

(6) 《디자이너란 무엇인가What Is a Designer: Things, Places, Messages》, 노민 포터

(6) 《비넬리의 디자인 원칙The Vignelli Canon》, 마시모 비넬리

(6) 《맨 트랜스폼스MAN transFORMS: An International Exhibition on Aspects of Design for the Opening of the Smithsonian Institution's National Museum of Design, Cooper-Hewitt Museum》, 한스 홀라인

(5) 《디자인에 집중하라Change by Design: How Design Thinking Transforms Organizations and Inspires Innovation》, 팀 브라운

(5) 《디자인과 진실Design and Truth》, 로버트 그루딘

(5) 《디자인 씽킹Design Thinking》, 피터 로우

(5) 《삶의 디자인A Life's Design: The Life and Work of Industrial Designer Charles Harrison》, 찰스 해리슨

(5) 《해커를 위한 디자인 레슨Design for Hackers: Reverse Engineering Beauty》, 데이비드 카다비

(5) 《사람에 대한 100가지 사실100 Things Every Designer Needs to Know about People》, 수잔 웨인쉔크

(5) 《행복의 건축The Architecture of Happiness》, 알랭 드 보통

(4) 《건축가 없는 건축Architecture without Architects: A Short Introduction to Non-Pedigreed Architecture》, 버나드 루도프스키

(4) 《어떻게 잘못되는가How Things Don't Work》, 제임스 헤네시, 빅터 파파넥

(4) 《날마다 천체 물리Astrophysics for People in a Hurry》, 닐 디그래스 타이슨

(4)《디자이너의 눈The Designer's Eye: Problem-Solving in Architectural Design》, 브렌트 C. 브롤린

(3)《디자인 게임Design Games: Playing for Keeps with Personal and Environmental Design Decisions》, 헨리 사노프

(3)《토털 디자인Total Design: Integrated Methods for Successful Product Engineering》, 스튜어트 푸

젊은 시절 디자인에 대한 내 생각에 영향을 준 책으로는 브렌다 로렐Brenda Laurel이 편집한 《인간-컴퓨터 인터페이스 디자인의 기술The Art of Human-Computer Interface Design》, 폴 헤켈Paul Heckel의 《친화적 소프트웨어 디자인의 요소The Elements of Friendly Software Design》, 데이비드 매컬로David McCullough의 《위대한 다리The Great Bridge》, 질 존스Jill Jonnes의 《빛의 제국Empires of Light》, 리처드 솔 워먼Richard Saul Wurman의 《정보 불안Information Anxiety》, 닐 포스트먼의 《테크노 폴리》, 스콧 맥클라우드Scott McCloud의 《만화의 이해Understanding Comics》, 앨런 쿠퍼Alan Cooper가 동료들과 함께 쓴 《About Face 4 인터랙션 디자인의 본질About Face》 등이 있다.

리서치를 하면서 살펴본 영화 및 미디어 자료

- 《임스: 아키텍트 & 페인터Eames: The Architect and the Painter》 (2011), 감독: 제이슨 콘, 빌 저지
- 《터커Tucker: The Man and His Dream》 (1988), 감독: 프란시스 포드 코폴라
- 《온드Owned: A Tale of Two Americas》 (2018), 감독: 조르지오 안젤리니
- 《헬베티카Helvetica》 (2007), 감독: 게리 허스트윗
- 《오브젝티파이드Objectified》 (2009), 감독: 게리 허스트윗
- 《어버나이즈드`》 (2011), 감독: 게리 허스트윗
- 《디터 람스Rams》 (2018), 감독: 게리 허스트윗
- 《앱스트랙트: 디자인의 미학Abstract: The Art of Design》 (2017), 넷플릭스 시리즈
- 《지니어스 오브 디자인The Genius of Design》 (2010), BBC 시리즈
- 《99% 인비저블99% Invisible》, 진행자: 로만 마스 (팟캐스트)
- 《UX는 뭐가 문제일까?What Is Wrong with UX?》, 진행자: 로라 클라인, 케이트 러터 (팟캐스트)
- 《하이 레졸루션High Resolution》, 진행자: 보비 고샬, 자레드 에론두 (팟캐스트)
- 《루이스 설리번Louis Sullivan: The Struggle for American Architecture》 (2010), 감독: 마크 리처드 스미스
- 《자하 하디드의 위대한 도전Zaha Hadid: Who Dares Wins》 (2013), 감독: 린제이 핸런, 로저 파슨스
- 《파운더The Founder》 (2016), 감독: 존 리 핸콕
- 《디자인DNADesign DNA》 (2010), 캐슬우드 프로덕션Castlewood Productions
- 《디자인은 하나다Design Is One: Lella & Massimo Vignelli》 (2012), 감독: 캐시 브루, 로베르토 구에라
- 《쓰리 월Three Walls》 (2011), 감독: 자히드 마와니
- 《프루이트 아이고The Pruitt-Igoe Myth》 (2011), 감독: 채드 프리드릭스
- 《개미처럼 되라Be Like an Ant》 (2012), 감독: 마이크 플란테
- 《더 토일렛The Toilet: An Unspoken History》 (2012), 감독: 닉 왓츠
- 〈세상 밖으로 나온 리딩 디자인Leading Design Out of Obscurity〉 (2018), 연사: 코이 빈, 리딩 디자인 컨퍼런스Leading Design Conference
- 〈디자인 사고는 헛소리다Design Thinking Is Bullshit〉 (2017), 연사: 나타샤 젠, 아도비 99U 컨퍼런스Adobe 99U Conference

감사의 말

물건을 사용하는 것보다 디자인하는 것이 더 재미있는 경우가 많다는 사실을 발견하게 해 준 레고 발명가 올레 키르크 크리스티안센Ole Kirk Christiansen에게 감사의 말을 전한다(내게 레고를 사 준 엄마 주디에게도 고마운 마음을 전한다). 어린 시절 장난감을 가지고 놀다가 디자인에 관심이 생겼고, 성인이 돼서는 이것저것 디자인을 하고 디자인 역사를 공부하며 연구하는 삶을 살아왔다. 참으로 멋진 일이다.

처음 이 책의 기획 의도를 검토해 준 닐 엔스, 파올로 말라부요에게 고마움을 표한다. 그들이 검토해 준 덕분에 이 책이 나올 수 있었다.

페이지 투Page Two 팀의 피터 코킹과 피오나 리(디자이너), 제임스 하벡(편집자), 멜리사 에드워즈(교열 담당자), 앨리슨 스트로벨(교정자), 카엘라 모펫(프로젝트 매니저), 트레나 화이트, 안네마리 템펠만-클루잇(마케팅 디렉터), 테리 로스만(사진 사용 허가 담당)에게도 감사의 말을 전한다.

삽화 작업을 해 준 오랜 동료 팀 코르딕에게 고마움을 전하다.

초반에 피드백을 해 준 아누팜 처드하리, 킴 굿윈, 다나 치스넬, A.J. 하넬드, 크리스티나 워드케, 리사 드베텐코트, 샘 아퀼라노, 로라 클라인, 밥 백슬리, 닉 핀크, 애비 커버트, 댄 스죅, 제러드 스풀에게 고마운 마음을 전한다.

초안에 대한 피드백을 해 준 아누팜 처드하리, 모리스 사이, 로라 클라인, J.R. 리처드슨, 보니 톨랜드, 숀 머피, 어커스트 드 로스 레이즈, 앤드류 마이어, 앤더스 만테레, 애비 커버트, 디 당에게 감사의 말을 전한다. 다양한 의견과 공유해 준 질 스터츠만에게도 고마움을 표한다. 인터뷰에 응하고 아이디어를 공유해 준 데이비드 쳉, 앨버트 탄, 사이먼 팬, 마이크 데이비슨, 브라이언 주그, 앤드류 크로, 테레사 브라젠, 브래든 코위츠, 제시카 아이빈스, 알리사 보엠, 델라니 커닝햄, 데이비드 콘래드, UXWine, 카일라 맥비, 카프리 버렐에게도 고맙다.

킹 카운티 도서관 시스템, 모든 사서들, 특히 도서관 상호 대차 서비스가 원활하게 제공될 수 있도록 도와준 사서들에게 감사의 말을 전한다.

이 책을 집필하는 동안 멋진 음악을 들려준 세라 카훈, 윈터스립, 프라이튼드 래빗, 찰스 밍거스, 소셜 디스토션, 듀크 엘링턴, 에이미 만, 앤드류 버드, 벤 하퍼, 더 블랙 키스, 다카브라카, 질리언 웰치, 캣 파워, 크리스 콘웰, 엘리자베스 앤 더 캐터펄트, 소니 롤링스, 엘라 피츠제럴드, 펠리스 브라더스, 라이트닝 홉킨스, R.E.M., 스트록스, 모차르트, 우디 거스리, 제이크 버그, 척 베리, 무소르그스키, 그 외에 여러 음악 아티스트들에게 고마운 마음을 전한다.

Index